Ingrid Steiner-Gashi | Dardan Gashi

Im Dienst des
Diktators

Leben und Flucht eines
nordkoreanischen Agenten

UEBERREUTER

Für Andin und Mik

Das säurefreie und alterungsbeständige Papier EOS liefert Salzer, St. Pölten
(hergestellt aus chlorfrei gebleichtem Zellstoff aus nachhaltiger
Forstwirtschaft).

ISBN 978-3-8000-7450-1
Covergestaltung: www.mediarocks.at
Coverillustrationen: Duncan Walker/iStockphoto.com; privat
Copyright © 2010 by Verlag Carl Ueberreuter, Wien
Gedruckt in Österreich
5 7 6

Ueberreuter im Internet: www.ueberreuter.at

Inhalt

Prolog

März 2007

Getarnt als Sportjournalistin gelang es mir, in das für Medien kaum zugängliche Nordkorea einzureisen. Jahrelang und viele Male zuvor hatte ich vergeblich versucht, ein Visum für eine Reise in das paranoide Reich Kim Jong Ils zu bekommen. Selbst mit meinen Bemühungen, ein Gespräch mit Mitarbeitern der nordkoreanischen Botschaft zu führen, war ich stets gescheitert. Da bot sich plötzlich die Chance, mit der österreichischen Dameneishockey-Nationalmannschaft nach Pjöngjang zu fliegen. Als Beweis dafür, dass Nordkorea doch Teil der Weltgemeinschaft ist, hatte sich das kommunistische Land um die Abhaltung der Damen-Weltmeisterschaft (II. Division) bemüht – und aufgrund einer Reihe von Zufällen auch tatsächlich die Zusage dafür erhalten.

Nicht anders als erwartet, wurde ich in Nordkorea auf Schritt und Tritt überwacht, hatte den Besuch von absurden Museen, Denkmälern und Monumentalbauten zu absolvieren, aber nie war es mir oder den anderen Mitreisenden gestattet, mit normalen Bürgern der Hauptstadt auch nur ein Wort zu wechseln. Die, die ich dennoch versuchte anzusprechen, wandten sich in panischer Angst ab. Für die österreichische Damen-Nationalmannschaft erwies sich die Nordkoreareise als eher glücklos, zumal sie im Spiel gegen Nordkoreas Team eine 6:0-Niederlage kassierte und überdies ihr Ziel nicht schaffte, in die höhere Liga aufzusteigen.

Und auch ich war in diesem hermetisch verschlossenen Land mit meinen Recherchen wenig erfolgreich. Dennoch gelang es mir, zumindest ein paar Eindrücke und Begebenheiten für meine Zeitung einzufangen und den Lesern dieses unzugängliche Land ein wenig näherzubringen. Damit stand für mich fest, dass ich

7

nach meiner Berichterstattung, die nur wenig sportliche Inhalte aufwies, die strengen Visa-Bestimmungen für Nordkorea verletzt hatte und wohl damit rechnen musste, weder das Land je wieder zu besuchen noch mit einem seiner Repräsentanten auch nur ein Wort wechseln zu können. Das Thema Nordkorea schien also für meine journalistische Arbeit abgeschlossen zu sein. Die weiteren Entwicklungen des asiatischen Landes, so meinte ich, würde ich wohl nur noch über Agenturmeldungen verfolgen.

Oktober 1994

Slowakische Polizisten und nordkoreanische Geheimdienstagenten, die extra dafür aus Warschau, Standort von Nordkoreas Geheimdienst-Zentrale in Europa, nach Bratislava geflogen sind, suchen nach einem vermisst gemeldeten Oberst der Personenschutzeinheit von Diktator Kim Jong Il. Nach tagelangem, vergeblichem Durchkämmen der in den Tagen der Wendejahre relativ unruhigen slowakischen Hauptstadt ziehen die Suchtrupps resigniert einen Schlussstrich. Sie haben kaum noch Chancen, den Verschwundenen zu finden, und neigen dazu, den Befürchtungen eines befreundeten österreichischen Geschäftsmannes zu glauben: Sie müssten wohl eher die Donau stromabwärts nach der Leiche des Oberst absuchen. Etwas mehr als ein Jahr später wird der Oberst offiziell für tot erklärt, an seiner ehemaligen Arbeitsstätte in Pjöngjang wird er als Held in Ehren gehalten.

Frühjahr 2009

15 Jahre später taucht stromaufwärts, in der Donaustadt Wien, plötzlich der den vermeintlichen Heldentod gestorbene Oberst auf. Nach eineinhalb Jahrzehnten seines Lebens im Untergrund

möchte er seine unglaubliche Geschichte erzählen. Über einen Mittelsmann nimmt er Kontakt zu mir auf, weil er von seinem Leben als »Maulwurf« genug hat. Er will mit dem Regime abrechnen, dem er bis zu seiner Flucht treu gedient hat. Ironischerweise waren es just meine Artikel, die ich im Frühling 2007 geschrieben und von denen ich angenommen hatte, sie würden meine Nordkorea-Episode für immer beenden, die ihn zu mir führten.

Mindestens so groß wie mein Staunen war die Skepsis, worum es sich bei dieser Geschichte handelt. Ist es ein absurder Trick des nordkoreanischen Geheimdienstes, handelt es sich um einen Fantasten oder sollten seine Schilderungen doch wahr sein? Nach profunden Recherchen zusammen mit meinem Mann (und Koautor mehrerer Bücher) stellten wir fest, dass es sich bei dem nordkoreanischen Mann um den tot geglaubten Oberst Kim Jong Ryul handelt und dass seine Geschichte nicht nur wahr, sondern umwerfend und einzigartig ist.

Das Leben dieses Mannes gibt nicht nur exklusiven Einblick in den inneren Kreis der Macht Nordkoreas und in die politische Geschichte des Landes. Darüber hinaus ist er ein erstklassiger Belastungszeuge für die Unverfrorenheit und Geldgier deutscher und österreichischer Firmen, mit denen Kim Jong Ryul im Auftrag des Diktators zwei Jahrzehnte lang äußerst lukrative Geschäfte getätigt hat. Sehr oft handelte es sich dabei um Geschäfte, die nach internationalem, deutschem und österreichischem Recht schlichtweg illegal waren. Trotz dieses Hintergrunds gelang es Kim Jong Ryul, 15 Jahre lang unentdeckt und inkognito in Österreich zu leben. Vieles, was Sie auf den folgenden Seiten erfahren werden, war in dieser Form noch nie in der westlichen Welt zu lesen. Kim Jong Ryul hat sowohl Staatsgründer Kim Il Sung als auch dessen Sohn und Nachfolger Kim Jong Il mehrmals persönlich getroffen, ihre Atomschutzbunker mitgebaut, Abhöranlagen und Waffen, Technologie und gepanzerte Limousinen für den Schutz und Luxus der Diktatoren eingekauft.

Kim Jong Ryul ist ein faszinierender Zeitzeuge, Ankläger, Opfer und Mittäter zugleich. Mit der Lektüre dieses Buches und der Geschichte Kim Jong Ryuls kommt man dem schwierigen Unterfangen näher, dieses unzugängliche Land ein wenig besser zu verstehen, dessen Hang zur Isolation und zur Brutalität. Ersichtlich wird aber auch, warum das seit Jahrzehnten unter Embargo stehende Land es dennoch schafft, Waffen und andere Unterdrückungsapparate für den inneren Gebrauch zu besorgen wie auch Technologie für den Bau von Massenvernichtungs- und Atomwaffen.

Als Journalisten und Buchautoren verfügen wir nicht über die Mittel und Möglichkeiten, alle Begebenheiten, vor allem jene in Nordkorea, exakt nachzuprüfen. Was sich nachverfolgen ließ, haben wir nach bestem Wissen und Gewissen geprüft. Wir sind deshalb überzeugt, dass der hier vorliegende Text den Tatsachen entspricht.

Wien, Dezember 2009
Ingrid Steiner-Gashi und Dardan Gashi

1
Flucht

김 정 률

Seit Tagen steht die nordkoreanische Iljuschin-76 am Flughafen in Bratislava. Frisch aufgetankt und voll beladen soll das schwere Transportflugzeug gegen 17 Uhr starten. Zielort: Pjöngjang. Alles verläuft nach Plan. Zeile um Zeile hakt Kim Jong Ryul die Packliste ab. Der schlanke, 60-jährige Nordkoreaner haftet persönlich dafür, dass alle bestellten Waren ordnungsgemäß, funktionsfähig, vollständig und in bestem Zustand an ihrem Bestimmungsort eintreffen. Mehrere Male schon hat er die Liste kontrolliert. Er ist zufrieden. Wieder einmal hat er es geschafft, alles zu besorgen, was ihm die Befehlshaber in Pjöngjang aufgetragen haben. Neben zwei Feuerwehrautos sollen heute im Bauch der mächtigen Iljuschin Metalldetektoren und Telefonabhöranlagen mitfliegen, außerdem Gasmasken, Laserstrahlmessgeräte, Alarmanlagen.

Ein Teil der über 18 Tonnen schweren Fracht hätte seinen Weg von Österreich zum Flughafen Bratislava nie finden dürfen. Seit 1950 verbieten verschiedene Sanktionen die Lieferung von sicherheitsrelevanter Technik oder Waffen ins kommunistische Nordkorea. Doch wie immer, wenn die Frachtflugzeuge Richtung Pjöngjang abheben oder die Zugcontainer zu einer monatelangen Fahrt quer durch Osteuropa und Sibirien in Richtung Nordkorea rollen, ist für das Unumgängliche längst gesorgt. Heikle Waren sind sorgfältig umgepackt worden. Neue, passende Frachtpapiere wurden erstellt und für die notwendige Bestechung diverser Zöllner gesorgt. Über 20 Jahre lang hat Kim Jong Ryul für das Regime im deutschsprachigen Ausland unzählige Einkäufe erledigt: Heikle wie Bespitzelungstechnologie, absurde und verbotene wie vergoldete Handfeuerwaffen, streng verbotene wie Hightech-Produkte, voluminöse wie ganze Maschinenfabriken, banale wie Seidentapeten, Fliesen, Teppiche für die Villen der Diktatorenfamilie. Dabei achtete Kim Jong Ryul stets auf größtmögliche Korrektheit. Niemals in diesen vergangenen zwei Jahrzehnten hatte der studierte Maschinenbau-Techniker während der Transporte den Verlust auch nur einer Schraube melden müssen. Selbst in den Weiten der russischen Steppe, während der langen Fahrt der transsibirischen Eisenbahn, war kein Stück eines Fensterrahmens, kein medizinisches Untersuchungsgerät, kein Rohr verloren gegangen. »Ein Wunder«, kann es Kim Jong Ryul noch immer nicht recht glauben.

Auch an diesem 18. Oktober 1994 könnte sich der Nordkoreaner selbst auf die Schulter klopfen. Doch heute ist kein Tag wie jeder andere.

Bis zum Abflug bleiben noch einige Stunden Zeit. Wie Kim insgeheim gehofft hat, beschließt die kleine Gruppe seiner Begleiter, zum Mittagessen in die slowakische Hauptstadt zu fahren: Seine beiden nordkoreanischen Kollegen steigen in Taxis, ebenso zwei österreichische und ein slowakischer Unternehmer. »Wo hast du deine Dollars untergebracht?«, will der Delegationsleiter der nordkoreanischen Einkäufer von seinem jüngeren Mitarbeiter wissen. Dieser deutet auf seine nicht sichtbar unter seinem Hemd versteckte Bauchtasche. Ohne die heiß begehrten Devisen kehrt kein Nordkoreaner von den raren Reisen ins Ausland heim. Auch wenn ihr Besitz offiziell strengstens verboten ist, sind die Dollarscheine im kommunistischen Nordkorea der Türöffner für ein besseres Leben. Wer Dollars besitzt, muss nie fürchten zu verhungern.

Kim schlägt sein Revers um. In seiner Anzugjacke stecken in einem einfachen Papiersäckchen 20.000 Dollar. »Es ist gefährlich, so viel Geld ungeschützt herumzutragen«, wird er gewarnt. Doch er reagiert nicht weiter darauf. Das genau ist es, was sie alle hier an diesem Tisch glauben sollen. Dass Kim Jong Ryul, treuer und ergebener Diener der Demokratischen Volksrepublik Nordkorea, in Erfüllung seiner Pflichten wegen eines Bündels Dollar überfallen wurde und sein Leben lassen musste. Alle sollen sie letztlich irgendwann überzeugt sein, dass er in Bratislava Opfer eines gewöhnlichen Raubmordes wurde.

Dem Vorschlag eines slowakischen Geschäftspartners, in der Stadt noch schnell ein paar Souvenirs zu besorgen, folgen alle am Tisch gerne. Auch Kim, der vorgibt, für einen Parteigenossen in Pjöngjang eine Brille besorgen zu müssen. Jeder stiebt in eine andere Richtung davon, nicht ohne vorher vereinbart zu haben: Treffpunkt wieder am Flughafen, in genau zwei Stunden.

Das ist die Lücke, auf die Kim Jong Ryul gewartet hat. Seit fast einem Jahr hat er alles für diesen Moment vorbereitet. Hat unter falschem Namen eine kleine Wohnung in Linz angemietet, hat jedes kleinste Detail seiner Flucht wieder und wieder durchgespielt.

Zwei Wochen bevor der exakte Abflugtermin der nordkoreanischen Iljuschin endlich feststand, wagte der zum Untertauchen entschlossene Nordkoreaner die Generalprobe: Seinen beiden nordkoreanischen Mitarbeitern, die das vergangene Jahr in Wien fast nie von seiner Seite gewichen waren, hatte er vorgeschlagen, mit ins Thermalbad Baden zu fahren. Doch diese lehnten dankend ab: zu langweilig, zu teuer, er solle doch allein gehen. Der 60-Jährige fuhr stattdessen sofort nach Bratislava, nahm sich in der Stadt ein Taxi, eilte zum Bahnhof und sprang in den Zug nach Wien. Von dort führte ihn abermals ein Taxi zum Westbahnhof, er nahm den Zug nach Linz. Dort befand sich das Ziel seiner geprobten Flucht: eine 23 Quadratmeter große Wohnung im Vorort Urfahr. Wenn alles klappen würde, hatte der Testlauf ergeben, würde er in weniger als fünf Stunden ab dem Moment seiner Flucht aus der slowakischen Hauptstadt in seiner neuen Bleibe sitzen. In Sicherheit, in Freiheit. Kim Jong Ryul war zum ersten Mal zuversichtlich: Seine Flucht lag im Bereich des Machbaren.

Die innere Unruhe ist dem Mann, der von einer Sekunde zur nächsten sein gesamtes Leben für immer hinter sich lassen wird, nicht anzusehen. Geduldig wartet Kim, bis seine beiden Kollegen in der belebten Innenstadt Bratislavas um die Ecke biegen und außer Sicht sind. Nur wenige Meter entfernt steht ein Taxi. Zügig marschiert der schlanke asiatische Mann darauf zu. »Nur nicht auffallen«, hämmert es unablässig in seinem Kopf, »jetzt keine Fehler machen«. Der Bahnhof ist in wenigen Minuten erreicht, er ist nahezu menschenleer. Zu jeder vollen Stunde fährt ein Zug in Richtung Wien ab. Das Ticket nach Wien hat der Flüchtende schon bei seiner Generalprobe vor zwei Wochen gekauft. Der gepflegte Herr im dunkelbraunen Mantel muss nur noch einsteigen und hoffen, dass das Signal zur Abfahrt bald ertönt. Sein Herz rast, die Sekunden schleichen dahin, bange, nervöse Blicke aus dem Fenster.

Als der Zug endlich anrollt, entfährt dem starr vor sich hinblickenden Passagier ein kurzes Seufzen. Endlose 20 Minuten lang fährt die Bahn bis zur Grenze in Marchegg. Passkontrolle. Ohne eine Miene zu verziehen, zeigt der ernst wirkende Asiate seinen Diplomatenpass. Der österreichische Grenzbeamte schenkt dem noch 14 Tage lang geltenden Visum keine besondere Aufmerksamkeit, drückt seinen Stempel ins Dokument. Langsam wird Kim Jong Ryul ruhiger. Die Flucht verläuft nach Plan. Gegen 16 Uhr dieses sonnigen Oktobernachmittages nähert sich der Zug bereits Wien, während seine Kollegen noch nicht einmal ahnen, dass sie am Flughafen der slowakischen Hauptstadt vergeblich auf ihn warten werden. Nach der Ankunft in der österreichischen Hauptstadt steigt der Flüchtende ohne Hast in ein Taxi und tritt vom Westbahnhof aus die letzte Station seiner Reise ohne Rückkehrmöglichkeit an.

Jetzt muss sie es allmählich ahnen, die aufgeregte Gruppe Nordkoreaner am Flughafen Bratislava, dass ihr Delegationsleiter nicht auftauchen wird. Etwas Schlimmes muss passiert sein. Denn einer wie Kim Jong Ryul, ein kühler Stratege, der sich niemals plötzlichen Gefühlen hingibt, sondern sorgsam und penibel jeden Schritt seines Lebens wie eine mathematische Aufgabe erarbeitet, verspätet sich nicht ohne Grund.

Um 18 Uhr 30 sperrt dieser, exakt nach Plan, die Tür seiner kleinen Linzer Wohnung auf. Nur seinen Mantel legt er ab, die Schuhe behält er sicherheitshalber an. Es könnte ja doch noch jemand an die Tür klopfen und den Flüchtling zwingen, sofort loszurennen. Auf dem selbst gezimmerten Bett ausgestreckt liegend, den kleinen karierten Koffer davor, macht Kim Jong Ryul, der sich Fremden von nun an nur noch als »Emil« vorstellen wird, im Selbstauslöser ein Bild. Vor fünf Stunden noch war er Kim Jong Ryul, angesehener und hochdekorierter Oberst der Armee der Volksrepublik Nordkorea. Vize-Direktor der Abteilung 4 Fuhrpark, Personenschutz in der Sektion 1 des Hauptquartiers. Privilegierter »Einkäufer« für Präsident Kim Il Sung und dessen Nachfolger Kim Jong Il. Ehemann, Vater zweier erwachsener Kinder und Großvater eines Enkelsohnes.

Von diesem Moment an ist er ein Mensch auf der Flucht, auf sich allein gestellt und staatenlos. Abgebrochene Brücken hinter, eine unsichere Zukunft vor sich. Doch für »Emil« zählt in diesem Moment nur eines: Nie mehr in die grausamste Diktatur der Welt zurückkehren, nie mehr vor den Machthabern »Hurra« schreien, nie mehr die wöchentlich verordnete Selbstkritik üben, nie mehr Angst davor haben, in einem Arbeitslager zu enden oder exekutiert zu werden, und nie, nie mehr Hunger leiden. Reglos bleibt er auf dem Bett liegen. Für große Gefühle ist Kim Jong Ryul zu erschöpft, Freude kann er in diesen Momenten nicht empfinden. Er lauscht seinem Herzschlag, erstaunlich ruhig, gleichmäßig. Nur die bange Frage: Wie geht es weiter?

Wer aus dem »Arbeiterparadies« Nordkorea flüchtet, dessen Familie zahlt einen furchtbaren Preis. Vom Großvater bis zum Baby werden die nahen Blutsverwandten des »Vaterlandsverräters« für die folgenden Jahre, oft bis zu einem elenden Tod, in eines der berüchtigten Arbeitslager gesteckt. Sie werden, auch wenn sie den Gulag eines Tages wieder lebend verlassen dürfen, immer die Familie eines »Verräters« bleiben, gebrandmarkt sein, ausgeschlossen aus adäquater Schulbildung und Beruf, isoliert von Freunden, abgeschnitten von medizinischer Versorgung und ausreichender

Nahrung. Ohne einen einzigen Menschen in seine Fluchtpläne einzuweihen, hat Kim sich deshalb mit größter Sorgsamkeit bemüht, sein Abtauchen wie ein gewöhnliches Gewaltverbrechen aussehen zu lassen. Er weiß: Nur wenn der Sicherheitsapparat und die alles beherrschende kommunistische Partei annehmen, dass er ermordet wurde, kann er seine Familie vor dem grausamen Zugriff durch das Regime retten.

Rund um die Iljuschin auf dem Flughafen Bratislava suchen mittlerweile alle Beteiligten hektisch nach dem Vermissten. Es ist dunkel geworden, keine Spur von Delegationsleiter Kim Jong Ryul. Die nordkoreanische Botschaft in Wien wird verständigt, ebenso jene in Prag. Kurze Zeit später durchkämmen Diplomaten, Flugzeugcrew und Kims aufgelöste Kollegen in wachsender Panik das Flughafengelände. Streit, Vorwürfe, das Undenkbare: Könnte der Oberst sich abgesetzt haben – was in der Heimat schlechtes Licht auf alle hier Anwesenden werfen würde? »Niemals«, sind Kims jüngere Mitarbeiter felsenfest überzeugt. Nie habe es auch nur kleinste Anzeichen gegeben, dass der tadellos agierende und stets überkorrekte, ja oft geradezu pedantische Vize-Direktor an »Verrat« denken könnte. Sind nicht alle seine Koffer im Flugzeug? Seine geliebten Lexika und Duden, außerdem eine mannsgroße Schachtel voller Souvenirs, Mitbringsel und Geschenke für seine Familie? Mehr als ein Jahr lang hat Kim Jong Ryul für Freunde und Kollegen, deren Gunst mit kleinen Geschenken erhalten werden muss, in Österreich eingekauft und gesammelt, was in Nordkorea nie zu haben wäre: Brillenputztücher und Teddybären, Babynahrung, Krücken, Feuerzeuge, Kugelschreiber, Medikamente.

Einer der Suchenden erinnert sich plötzlich an die 20.000 Dollar, die Kim Jong Ryul offen und für alle sichtbar in seiner Anzugjacke mitgetragen hat. Die Suchenden teilen sich auf, fahren in die Stadt, fragen sich durch die Spitäler Bratislavas. Auch bei der Polizei gibt es nicht den kleinsten Hinweis auf den Verbleib des Verschwundenen.

Inzwischen hat die Maschine längst Starterlaubnis. Die Iljuschin muss fliegen. Aufgelöst, nervös, den Tränen nahe steigen Kims zwei Mitarbeiter in die Maschine. Das Transportflugzeug hebt gegen 22 Uhr ohne Kim Jong Ryul ab.

Wenige Stunden später trifft ein professioneller Suchtrupp in Wien ein. Geheimdienstagenten, die von der nordkoreanischen Europa-Geheimdienstzentrale Warschau in die österreichische Bundeshauptstadt beordert wurden. »Höfliche Herren in Zivil, mit denen man besser nichts zu tun haben will«, erinnert sich ein österreichischer Geschäftsmann, vor dessen Tür sich die Männer alsbald einfinden. Wieder und wieder lassen sich die Männer schildern, was sich in Bratislava ereignet hat oder was passiert sein könnte. Tagelang wird gesucht – vergeblich. Keine Spuren, keine Anzeichen eines Verbrechens oder einer Flucht. Für alle Beteiligten wächst sich das Rätsel zunehmend zu einer Bürde aus: für die Botschaftsmitarbeiter, die ihren Einkäufer nicht streng genug an die Kandare genommen hatten. Für Kims Kollegen, auf die der Verdacht fällt, einem »Verräter« nahezustehen. Für Agenten und Suchtrupps, die keinen Erfolg vorzuweisen haben.

Da scheint sich plötzlich der vage Verdacht zu bestätigen, dass der Vermisste Kim Jong Ryul einem Verbrechen zum Opfer gefallen sein könnte. In den unruhigen Umbruchzeiten Anfang der 1990er-Jahre, nach dem Auseinanderbrechen der ehemaligen Tschechoslowakei in die tschechische Republik und die kleinere Slowakei, wird deren Hauptstadt der aufkommenden Kriminalität kaum noch Herr. Die neuen, plötzlich offenen Wege zwischen West- und dem bisherigen kommunistischen Osteuropa wissen Verbrecherbanden zu nutzen. Diebstähle nehmen massenhaft zu, die überforderte Polizei kann meist nur hilflos zusehen. Wie im Fall der aus Wien angereisten nordkoreanischen Diplomaten, die immer noch nach Kim Jong Ryul suchen. Als die Männer ihren dunklen Mercedes vor dem Polizeipräsidium in Bratislava parken, geschieht das Unglaubliche. Mitten am helllichten Tag, unter den

Augen der Polizei und der verdutzten Diplomaten wird das Luxusfahrzeug gestohlen. Damit liegt für die nordkoreanische Gruppe die Vermutung nahe: In einer Stadt, wo Verbrechen so offen und so frech geschehen können, scheint ein tödlicher Raubüberfall auf den Oberst plausibel. Nach mehrtägiger Suche stellen die nordkoreanischen Agenten ihre Nachforschungen zwischen Wien und Bratislava ein und fliegen zur Einsatzzentrale nach Warschau zurück. Doch an die Botschaft in Wien geht der Auftrag: weiter suchen. Mit österreichischen Geschäftspartnern, die ihre Einkäufe teils jahrelang mit Kim Jong Ryul abgewickelt hatten, wird seit dessen Verschwinden am Nachmittag des 18. Oktober 1994 nicht mehr gesprochen.

Der Untergetauchte selbst weiß: In den dicken Mappen der berüchtigten Sicherheitsabteilung der Parteizentrale in Pjöngjang wird jedes kleinste Detail in Bezug auf das Verschwinden Kim Jong Ryuls penibel aufgelistet sein. Die Tatsache, dass eine Leiche des Vermissten nie gefunden wurde, hat in Pjöngjang vermutlich niemanden dazu verleitet, den Fall als unerledigt zu den Akten zu legen.

2

Zyankali und Schuhe aus Stroh

김 정 룔

Es sind die schönsten Momente in Kim Jong Ryuls jungem Leben: Ohne sich zu rühren, sitzt der kleine Jong Ryul unter einer Kiefer und wartet. Wenn die erste Elster vom Ast fällt, muss er schnell sein. Es kann nicht mehr lange dauern, denn die Vögel haben die tödlichen Sojabohnen schon vor einer geraumen Weile aufgepickt. Ryul hat von seinem Vater gelernt:»Wenn man ihnen nicht sofort den Magen ausnimmt, stirbt der, der den Vogel isst.« In jede Bohne hat der Siebenjährige ein Loch gebohrt – und sie mit Zyankali gefüllt. Einmal mit dem weißen Gift vollgestopft, verklebte der Siebenjährige die Köder sorgsam. Dann legte er die kleinen, tödlichen Kugeln unter einem Baum aus. Jetzt heißt es nur noch geduldig sein. Früher oder später kommen die Elstern immer.»Sobald sie den Köder gefressen haben, darf man sie nicht mehr aus den Augen lassen«, weiß der schmächtige Junge. Und ab dem Moment, wo die Vögel buchstäblich vom Himmel fallen, zählt jede Sekunde.

Zyankali zu kaufen ist streng verboten. Trotzdem gelingt es dem Jungen hin und wieder, das weiße Pulver – billiger als Reis – am nächstgelegenen Bauernmarkt zu ergattern. Nur von den furchterregenden japanischen Polizisten mit ihren langen Degen darf sich der kleine Junge nicht erwischen lassen, auch wenn er nur winzige Mengen des Giftes für die Vogeljagd bei sich trägt. Prügel und Tritte wären ihm sicher. Normalerweise nehmen die gefürchteten japanischen Besatzer von den ärmlichen Dorfbewohnern keine Notiz, doch man kommt ihnen besser nicht in die Quere. Jong Ryul erinnert sich noch mit Schrecken daran, wie sich die Uniformierten eines Tages mitten auf dem Markt auf einen vermeintlichen Widerstandskämpfer stürzten. Wütend und schreiend prügelten sie auf den wehrlosen Mann ein, bis er zusammenbrach. Dann sah der geschockte Junge mit an, wie die Polizisten das blutende Opfer wegschleiften.

Jong Ryul bringt es in der Vogeljagd zu wahrer Meisterschaft. Elstern zu fangen reizt den Jungen, aber die Spatzenjagd liebt er.

Mit einer Schüssel, gefüllt mit Stroh und Hirsekörnern lockt er die Vögel an, ehe er an seinen sorgsam ausgelegten Fäden zieht. Bis zu 20 Tiere gehen ihm an den besten Tagen in die Falle. Mehr noch als sein Jagdglück aber freut ihn, was ihn zu Hause erwartet. »Mutter wird glücklich sein, endlich haben wir wieder einmal Fleisch zu essen.«

Wenn es dem Jungen nicht gelingt, ein Tier zu fangen, gibt es zu Hause nur Maisbrei. Seit sein Vater von den japanischen Besatzern verschleppt wurde, liegt es an dem schmalen Kind, die Familie mit Essbarem zu versorgen. Hasen zu fangen ist sein Traum. Das Fleisch des Nagetiers könnte die kleine Familie über mehrere Tage ernähren. Doch den erforderlichen Draht für die Schlinge gibt es nicht. Viel zu teuer. »Wir können uns keinen Draht kaufen«, bekommt Ryul von seiner Mutter Rim Tae Suk zu hören. Der Sohn nimmt seine Pflichten als Erstgeborener der Bauernfamilie ernst. Jeden Tag geht er mit seiner Mutter aufs Feld, sät, jätet, erntet, doch niemals geben die kargen Felder im Norden Koreas genug her, um die kleine Familie zu ernähren. Von den geringen Erträgen haben sie überdies 70 Prozent an die Großbauern abzuliefern, denen die Felder gehören. Jong Ryul macht sich darüber keine Gedanken, während er die schweren Hirse-Säcke auf seinem zarten Rücken zum mehrere Kilometer entfernten Sammelpunkt schleppt.

So war es hier im armen Norden der koreanischen Halbinsel immer: Die leibeigenen Bauern in den bitterarmen Dörfern liefern den Löwenanteil ihres Ertrages ab. Formal gibt es in Korea seit 1894 keine Sklaverei und Leibeigenschaft mehr, doch bis in die entfernten Dörfer im Norden des Landes haben sich diese Neuerungen nicht durchgesetzt. Alles ist beim Alten geblieben. Die Bauern kämpfen gegen bittere Armut, ständigen Hunger und die beißende Kälte – die Temperaturen können hier im Winter schnell auf 20 Grad unter null fallen. Wem die Bauern ihre mühsam erarbeiteten Ernteerträge abliefern, wem der ganze Reichtum gehört, wissen die Dorfbewohner nicht. Sie wissen nur: Wer nicht liefert, wird aus seinem Lehmhaus verjagt. Und wer sich beschwert, bekommt die Knüppel der japanischen Polizisten zu spüren.

Seit sich der kleine Jong Ryul erinnern kann, patrouillieren die fremden Männer durch sein Dorf Hjong, aber an ihren Anblick hat sich der Junge nie gewöhnt. Wo immer er es vermag, macht er einen weiten Bogen um die Japaner. Furchtsam senkt er den Blick, wenn er den Polizisten auf der schmalen Dorfstraße mal nicht ausweichen kann.

Die japanische Besatzung erweist sich als eine der folgenschwersten Epochen in der koreanischen Geschichte. Die brutale Eroberungs- und Kolonialisierungspolitik Japans löscht ab 1895 alle existierenden Strukturen der Eigenstaatlichkeit und der Selbstverwaltung auf der koreanischen Halbinsel aus. Dies wiederum ist ein maßgeblicher Faktor für den folgenden Weg des Landes in den Bruderkrieg, in die Teilung und die bis heute währenden Feindseligkeiten zwischen Nord- und Südkorea.

Die Geschichte Koreas ist keine, die mit innerer Einigkeit und langen Perioden der Selbstständigkeit glänzt. Schon zu Beginn der politischen Geschichte des Landes und insbesondere im Frühmittelalter liefern große Stammesverbände einander erbitterte Kriege um Macht und Landbesitz. Diese historischen Feindseligkeiten lassen sich bis ins 3. Jahrhundert v. Chr. zurückverfolgen, wobei sich fünf Hauptstämme untereinander bekriegen. Auf dem Gebiet zwischen der Mandschurei und dem nördlichen Teil der koreanischen Halbinsel bildet sich schließlich erstmals ein staatenähnlicher Verband. Aus dieser Zeit stammt der älteste überlieferte Name für Korea – Choson (woher das heutige Nordkorea seinen Namen hat: Demokratische Volksrepublik Choson).

Drei untereinander konkurrierende Königreiche, die sich jeweils aus Stammesverbänden entwickeln, prägen das koreanische Mittelalter. Das Reich der Koguryo, jenes der Paeche und schließlich der im Süden dominierende Stammesstaat Silla kämpfen im Lauf der Jahrhunderte untereinander um den größtmöglichen Einfluss auf die Halbinsel. Wie in anderen Stammesgesellschaften, die über keinen inneren Zusammenhalt oder einen übergreifenden Anführer verfügen, führen diese inneren Machtkämpfe regelmäßig dazu, dass abwechselnd fremde Mächte – in diesem Fall japanische und noch öfter chinesische Herrscherdynastien – zu Hilfe gerufen werden, um die jeweils verfeindeten Stämme zu unterwerfen. Dabei müssen auch die koreanischen Stammesführer die leidvolle Erfahrung machen: Große Mächte eilen nicht ohne eigenen Nutzen zu Hilfe, sondern haben die Tendenz, sich ihre Waffenhilfe mit dauernder Besatzung oder Vasallentum bezahlen zu lassen. So bleibt das Land, wenn auch innerlich immer mehr zusammenwachsend und durch einen gemeinsamen König vertreten, über Jahrhunderte hinweg ein Tributstaat Chinas.

Auch die dem zuletzt besiegten Königreich Silla nachfolgende Dynastie der Koryo (von dem sich der Name Korea herleitet) bleibt gegenüber China auf der sicheren Seite: Das Königreich liefert jahrhundertelang seine Tribute an den Nachbarn ab und darf im Gegenzug damit rechnen, von feindlichen Überfällen verschont zu werden. Diese Rechnung machen im 13. Jahrhundert die Mongolen zunichte, die unter der Führung Dschingis Khans zunächst die Nordgrenze des Koryo-Reiches verunsichern. Als die koreanischen Herrscher Tributzahlungen an die Mongolen verweigern, überrennen diese die Halbinsel, plündern sie aus und hinterlassen nach über 100-jähriger Herrschaft ein ausgeblutetes Land.

Erst Mitte des 14. Jahrhunderts geht für Korea ein Fenster der Geschichte auf, den Weg in die Unabhängigkeit einzuschlagen: Das Mongolische Reich, das sowohl Korea als auch große Teile Chinas – den Tributstaat Koreas – besetzt gehalten hat, zerfällt und lässt ein von Verwüstungen geschwächtes China zurück. Die Koryo-Dynastie versucht, die Mongolen endgültig abzuschütteln und das Land in die Eigenständigkeit zu führen. Doch erneut machen innere Streitigkeiten zwischen den herrschenden Familien, Stämmen und Dynastien das Land zu einem Vasallen Chinas. Im Zuge der Auseinandersetzungen über die Neuordnung des Landes geht die Koryo-Dynastie nach mehr als 400-jähriger Herrschaft unter. Als Sieger der inneren Machtkämpfe geht die Yi-Dynastie unter ihrem ersten König Yi Seong-gye hervor. Ihre insgesamt fast 30 Könige leiten die Geschicke des Landes von 1392 bis 1910. Zu seiner neuen Hauptstadt kürt der erste Yi-Herrscher die Stadt Hanyang, das heutige Seoul. Die erste und wichtigste Maßnahme der Yi-Dynastie ist die Wiederanerkennung der Oberhoheit der chinesischen Ming-Dynastie, die von der Koryo-Herrschaft angefochten wurde. So hinderlich diese Anerkennung für die Selbstständigkeit Koreas sein mag, bringt die Unterwerfungsgeste doch zwei Vorteile: Frieden mit dem nördlichen Nachbarn China und innere Stabilität. Eine Zeit des rasanten wirtschaftlichen und kulturellen Fortschritts Koreas setzt ein. Unter anderem bewirkt die antiklerikale Politik der Yi-Dynastie die massive Verdrängung des Einflusses buddhistischer Mönche und Klöster. Sie bevorzugt stattdessen die nüchternere konfuzianische Philosophie, die weniger auf geistliche und übernatürliche Prinzipien zählt, sondern auf individuellen Leistungen basiert. Diese neue, rasch um sich greifende Lehre des chinesischen Philosophen Konfuzius, die in zahlreichen neu gegründeten Schulen Koreas weitergegeben wird, trägt dazu bei, dass die Staatsbürokratie perfektioniert wird und Kunst, Kultur und Wirtschaft eine Blütezeit erleben.

Fast auf den Tag genau 200 weitgehend ruhige Jahre nach der Machtübernahme der Yi-Dynastie, 1592, überfällt eine 160.000 Mann starke japanische Armee die militärisch unvorbereitete Halbinsel und eroberte sie im Handstreich. Erst die wieder zu Hilfe gerufenen chinesischen Streitkräfte schaffen es nach sechs Jahren Krieg, die Japaner endgültig zurückzuschlagen. Doch dem nach den andauernden Verwüstungen ausgebluteten Land bleibt kaum Zeit, sich zu erholen.

Es sind die Machtkämpfe in China, deren Erschütterung auch die koreanische Halbinsel erreichen. Anfang des 17. Jahrhunderts reißen die Mandschu die Herrschaft im Kaiserreich China an sich, die für Korea jahrhundertelang bestimmende Ming-Dynastie geht unter – mit schweren Folgen für das Land. Mandschu-Truppen marschieren in Korea ein und erzwingen, mit dem Mandschu-Reich eine »Brüderschaft« einzugehen. Als sich die Koreaner gegen die bis dato unüblichen Unterwerfungsmaßnahmen wehren, fallen die Mandschu abermals mit über 100.000 Mann in das Land ein, erobern in kürzester Zeit die Hauptstadt Hanyang und zwingen die Koreaner nicht nur zur Anerkennung der Oberhoheit Chinas, sondern auch zu regelmäßigen Tributzahlungen an das Kaiserreich. Die fast ein halbes Jahrhundert dauernden feindlichen Invasionen haben für das geschwächte Korea fatale Folgen: Die Bevölkerung schrumpft auf die Hälfte, Mitte des 17. Jahrhunderts leben auf der Halbinsel gerade noch 1,5 Millionen Menschen.

Nach anfänglichen Feindseligkeiten zwischen den beiden Herrscherdynastien pendelt sich der Modus Vivendi allmählich wieder ein, wonach sich die Koreaner im Inneren selbst verwalten, während China sich mit der formellen Oberhoheit und Tributzahlungen zufriedengibt. Erneut blühen Wirtschaft und Kultur auf, beginnt abermals eine Phase, in der das koreanische Königshaus die Geschicke im Inneren lenkt, während der große nördliche Nachbar über die äußere Stabilität des Landes wacht. Doch von den schlechten Erfahrungen der letzten Jahrzehnte geprägt, beschließt das Haus Yi die völlige Abschottung des Landes gegenüber der Außenwelt. Außer dem einmal jährlich in das Land einreisenden Tributeintreiber des Mandschu-Königshauses ist Ausländern fortan die Einreise verboten. Koreaner dürfen das Land weder verlassen noch mit Ausländern Handel treiben.

Fast 200 Jahre lang lebt Korea in völliger Isolation, bis das erneut zu Stärke gekommene Japan 1876 mit seiner Flotte drohend vor der koreanischen Küste aufkreuzt und die Öffnung koreanischer Häfen für den Handel mit Japan erzwingt. Für die damalige Zeit ist dies keine unübliche Praxis. Die westlichen Mächte haben schon drei Jahrzehnte zuvor Japan mit Waffengewalt dazu genötigt, die selbst auferlegte Abschottung und Unzugänglichkeit seiner Häfen aufzugeben. Auch das Kaiserreich China und dessen Häfen mussten sich auf Druck der westlichen Kanonenboote hin im Jahr 1832 öffnen.

Diese erzwungene Aufhebung der selbst auferlegten Isolation bedeutet für Korea einen Wendepunkt. Japan, das eine direkte militärische Konfrontation mit dem stark geschwächten Kaiserreich China scheut, versucht Korea geschickt auf politischem Weg auf seine Seite zu ziehen. Während China noch immer auf seine Oberhoheit über Korea pocht, drängt Japan die koreanische Führung, die Unabhängigkeit auszurufen und so den Einfluss Chinas zu schmälern. Dennoch kommt es 1895 zu einem kurzen, aber entscheidenden Krieg zwischen den beiden regionalen Großmächten, der zwei maßgebliche Veränderungen einläutet: Zum einen beendet er die über ein Jahrtausend währende Oberhoheit Chinas über Korea; zum anderen wird die formelle, von japanischer Hand vorbereitete Ausrufung der koreanischen Unabhängigkeit vollzogen.

Erneut hätte sich hier ein historisches Fenster geöffnet, das Projekt eines unabhängigen Landes Korea voranzutreiben, wenn nicht wieder innere Machtkämpfe und Aufstände zum gewohnten Muster geführt hätten: Ausländische Mächte werden zu Hilfe gerufen, diese wiederum bleiben, ihren eigenen Vorteil suchend, auf Dauer und sichern ihre Vorherrschaft.

Kaum glaubt Japan, seinen gefährlichsten Nebenbuhler um Korea losgeworden zu sein, versucht das zaristische Russland, sich vom Norden her in Teilen Koreas festzusetzen. Nach einem kurzen Krieg 1904 müssen die russischen Truppen der japanischen Überlegenheit weichen und werden aus Korea vertrieben, mit den wiederum folgenschweren Nachwehen, dass Korea bereits im folgenden Jahr zum japanischen Protektorat erklärt wird. Die Großmächte USA, England und Russland erkennen die Vorherrschaft Japans über Korea an.

Damit mündet das lange vergebliche Bemühen Koreas um seine Unabhängigkeit nach einer losen, formellen Bindung an das chinesische Kaiserreich in eine nun totale Okkupation durch das japanische Kaiserhaus. Japan hält nichts von konfuzianischer Zurückhaltung und formeller Herrschaft. Nach westeuropäischem Vorbild soll Korea wie eine klassische Kolonie behandelt werden. Zwar baut und errichtet das Kaiserhaus im Vergleich zu China in Korea große Infrastrukturprojekte und modernisiert das Land technisch, doch im Wesentlichen dienen Fortschritt und Modernisierung der Ausbeutung des Landes und seiner Rohstoffe. Das nach Großmacht strebende Japan betrachtet Korea lediglich als Rohstoffbasis, jeder Gedanke einer Selbstständigkeit, Selbstverwaltung oder koreanischen Selbstbewusstseins ist ab nun strengstens verboten. Sämtliche staatliche Institutionen, die über Jahrhunderte gewachsen sind, werden zerstört, Rede- und Pressefreiheit aufgehoben, auch die koreanische Sprache darf bald nicht mehr an Schulen unterrichtet werden.

Drei Jahrzehnte nachdem Japan sich Korea einverleibt und das Land massiv ausgebeutet hat, fühlt sich das Kaiserreich stark genug, auch noch andere Nachbarn zu unterjochen. 1937 fällt das Kaiserreich der aufgehenden Sonne mit der gleichen unbeschreiblichen Brutalität über den Erzrivalen China her und leitet damit den Vorlauf des Zweiten Weltkrieges ein. Dass Japan überhaupt die militärische Schlagkraft hat, in China einzufallen, ist nicht zuletzt dem Treiben der europäischen Großmächte sowie den USA zu verdanken, die China über Jahrzehnte hinweg so weit geschwächt haben, dass sich das Reich der Mitte gegen die Japaner nicht ausreichend wehren kann. Zwar sind die Folgen des Einmarsches in China auch für die Koreaner zu spüren, die unter anderem einer völligen Assimilierungspolitik unterworfen werden, doch das Schlimmste steht erst bevor: Im Dezember 1941 greift Japan

Pearl Harbour an und versenkt den Großteil der dort befindlichen US-Kriegsflotte. Damit wird Korea zu einem Teil eines globalen Krieges, ohne dass es davon weiß oder mitbestimmen kann. Japan beginnt mit grausamer Härte aus Korea herauszupressen, wofür seine Kolonie stets vorgesehen war – als Rohstoff- und Menschenlieferant. Wehrfähige Männer werden in den Kriegsdienst eingezogen, bis Kriegsende im August 1945 werden zwei Millionen Männer zur Zwangsarbeit nach Japan verschifft und 200.000 Frauen zur Prostitution als sogenannte »Trostfrauen« für japanische Soldaten missbraucht.

Auch im Dorf Kim Jong Ryuls machen sich die Auswirkungen des größten Krieges, den Asien je erlebte, für jede Familie schmerzlich bemerkbar. Die Mehrheit der wehrfähigen jungen Männer ab 18 Jahren werden in den Militärdienst der japanischen Armee eingezogen und somit gezwungen ausgerechnet auf der Seite ihrer verhassten Besatzer in den Krieg zu ziehen. Kim Jong Ryuls Vater entgeht zwar der Einberufung zu den Truppen, doch kommt er letztlich kaum besser davon. Wie Hunderttausende andere junge Koreaner wird der knapp 25-jährige Familienvater zur Zwangsarbeit in Rüstungsbetrieben nach Japan verschleppt. Drei Jahre lang, in denen kaum Nachrichten vom Vater ins Dorf des kleinen Jong Ryul gelangen, hängt das Überleben der Familie zunehmend von dem nicht mal zehnjährigen Jungen ab. Tag für Tag müht er sich mit seiner Mutter auf dem Feld ab. Doch sie können nicht darauf hoffen, von ihren kargen Erträgen an Reis, Mais und Hirse viel zu behalten. Die gesamte Reisernte wird von den japanischen Behörden eingezogen, jedes Korn ist für den Export nach Japan bestimmt. Dass in Korea angesichts dieser Politik bereits erste Hungersnöte ausbrechen, ist für das japanische Kaiserhaus ohne Belang. Kritik und Proteste werden grausam niedergeschlagen.

Auch im Lehmhaus Kim Jong Ryuls ist der Hunger bald ständiger

Gast. Maisbrei ist das Einzige, was die verzweifelte Mutter ihrem Sohn und der jüngeren Schwester geben kann. Je kleiner die Portionen werden, umso bohrender quält den Jungen ein einziger Gedanke: Essen. Wenn die Feldarbeit ruht, durchkämmt er die Wälder, sammelt Raupen, Kräuter und Brennholz, schleppt das Gesammelte zehn Kilometer bis zum nächsten Markt, um seine Beute dort gegen ein paar Gramm Öl, ein paar Trockenfische und Zyankali für die Elsternjagd zu tauschen.

An einen Schulbesuch, wie ihn sich Jong Ryul sehnlich wünscht, ist nicht zu denken. Für den Unterricht wäre Schulgeld zu bezahlen, das die Familie nicht besitzt. Doch der Junge beklagt sich nicht, wenn er, während er vom frühen Morgen an die trockene Erde der Felder bearbeitet, andere Kinder seines Dorfes zur Schule gehen sieht. Er weiß genau: Ohne ihn ist seine Familie verloren. Gehen ihm nicht hin und wieder ein paar Vögel in die Falle, bekommen Mutter und Schwester nie Fleisch zu sehen. Für unbekümmerte Spiele mit Freunden bleibt ihm keine Zeit, jeder Moment muss genutzt werden, um Nahrung zu suchen, Holz zu sammeln und Vorbereitungen für den nächsten Winter zu treffen. Doch Jong Ryul klammert sich hartnäckig an seine einzige Hoffnung: Wenn ich nur hart genug arbeite, werden wir glücklich werden.

Die Not wird der Lehrmeister des früh zum Erwachsenwerden gezwungenen Kim Jong Ryul. Sie unterrichtet ihn in Zähigkeit und im Wissen, dass krank zu werden fast so viel bedeutet wie zu sterben. Sie lehrt ihn Beharrlichkeit und Disziplin, eisernen Überlebenswillen und nicht zuletzt Erfindungsgabe – etwa beim Basteln seiner Schuhe. Alle paar Tage fertigt der Junge sein Schuhwerk neu an, denn länger hält das Geflecht aus Reisstroh nicht. Eines Tages sieht der Junge am Wegesrand einen Autoreifen und überlegt nicht lange. Er schnappt sich das Stück, zerrt es in den Wald und schneidet hastig ein paar Sohlen daraus. Innen stopft er die behelfsmäßigen Schuhe mit Stroh aus und jubiliert: Was für ein Glück, die besten Schuhe, die er in seinem Leben bisher getragen hat!

Hat die chinesische, über ein Jahrtausend währende Oberhoheit über die koreanische Halbinsel verhindert, dass sich Korea zu einem eigenständigen Staat entwickelte, so unterband sie dennoch nicht, dass im Inneren ein koreanisches Volk entstand, eine koreanische Kultur, eine eigene Schrift, eine funktionierende Verwaltung und ein Staatswesen. Die vergleichsweise kurze Dauer der japanischen Kolonialherrschaft hingegen bewirkte, dass am Ende, nachdem das japanische Kaiserreich selbst von den Alliierten in die Knie gezwungen wurde, Korea ohne Staatswesen, ohne Institutionen, ohne eine Führungselite erneut zu einem Spielball der Großmächte wurde.

Nach der geistigen und politisch verbrannten Erde, die Japan hinterlässt, gibt es keine Kraft, die die Geschicke des Landes übernehmen kann. Bei der Konferenz von Jalta im Februar 1945 einigen sich der sowjetische Staatschef Stalin und US-Präsident Roosevelt deshalb darauf, Korea nicht als ein unabhängiges Land anzuerkennen, sondern als ein Protektorat. Diesmal aber soll nicht eine einzelne Macht über Korea walten, sondern die internationale Gemeinschaft, die nach Kriegsende aus den Siegermächten USA, Großbritannien und UdSSR besteht.

Erst die Abwürfe der ersten beiden Atombomben in der Geschichte der Menschheit auf die Städte Hiroshima und Nagasaki bezwingen das Kaiserreich Japan und beenden den Zweiten Weltkrieg. Damit erlischt automatisch die durch Gewalt erzwungene Annexion Koreas durch Japan. Die Unabhängigkeit und Freiheit Koreas rücken erstmals in greifbare Nähe, doch im Gegenteil erwartet das koreanische Volk statt des erhofften Weges in die Eigenständigkeit und des Aufschwungs noch Schlimmeres.

Vorerst jedoch teilen die Koreaner nach dem Ende des grausamen Zweiten Weltkrieges ihr Glück mit den anderen befreiten Völkern.

3
Korea gegen Korea

김 정 룔

Von einem Tag auf den anderen sind die verhassten japanischen Polizisten aus Jong Ryuls Dorf verschwunden. Der Polizeiposten in Hijong ist leer, keine Spur der jahrzehntelangen japanischen Präsenz ist geblieben. Im Dorf beginnt man bereits zu hoffen, dass die Gerüchte stimmen: dass der Krieg aus ist, Japan kapituliert hat und Korea endlich frei sein wird. Am 15. August 1945 schließlich erreicht die frohe Kunde das 50 Einwohner zählende Hijong, wo man sofort zu feiern beginnt. Aufgeregt läuft Jong Ryul im Dorf herum und schreit wie alle anderen Kinder im Ort: »Der Krieg ist aus, der Krieg ist aus!« Überschwänglich wird an diesem Tag nachgeholt, was jahrzehntelang verboten war: Die Hymne des – freien – Korea wird gesungen, die Fahne geschwenkt, gemeinsam rufen die Menschen: »Frei! Frei!«. Die Begeisterung über das Kriegsende ist noch nicht abgeklungen, als die Familie Kim Jong Ryuls die nächste frohe Botschaft erreicht: Der von den Japanern verschleppte Vater ist aus der Gefangenschaft zurück.

Fast gleichzeitig mit dem Heimkehrer sind auch die ersten Kommunisten im kleinen Hijong eingetroffen. In seiner Freude, den lange vermissten Vater endlich bei sich zu haben, schenkt Kim den neuen, mächtigen Männern im Dorf zunächst kaum Beachtung. Im verwaisten Polizeihäuschen haben die im Vergleich zu den ärmlichen Bauern relativ gut genährten Rebellen Quartier bezogen, selbstbewusst und von den Bewohnern freundlich begrüßt, patrouillieren die kommunistischen Kämpfer mehrmals täglich durch das Dorf. Vom ersten Tag ihres Erscheinens an haben die aus der Sowjetunion zurückgekehrten Männer klargemacht: Ab heute geben sie den Ton an.

Nach der Kapitulation Japans bricht in Korea wieder ein innerer Machtkampf aus, wobei drei Gruppen gegeneinander angehen: die im Land selbst aktiv gewesenen Widerstandsgruppen, die antikommunistischen, bis dahin im Exil tätigen Nationalisten und die aus dem sowjetischen und chinesischen Exil heimgekehrten kommunistischen Verbände. Wie dieser innere Machtkampf ohne äußere Einmischung ausgegangen wäre, darüber lässt sich aus heutiger Sicht nur spekulieren. Doch erneut wird das Ringen um die Macht und das Schicksal des Landes vom Eingreifen ausländischer Mächte bestimmt. Zwar haben sich die Siegermächte USA und UdSSR auf eine gemeinsame internationale Verwaltung Nachkriegskoreas geeinigt, aber das bereits einsetzende Misstrauen zwischen Washington und Moskau verhindert diesen Plan: Zusammen mit den koreanischen kommunistischen Partisanen rücken von Norden her auch Verbände der Roten Armee ins Land, während die USA ihre Truppen vorwiegend noch in Japan und anderen Gebieten des pazifischen Raumes, nicht aber in Korea stehen haben.

Aus Angst, die sowjetischen Truppen könnten die gesamte Halbinsel besetzen, schlägt die US-Führung den Sowjets eine salomonische Lösung vor: Die Rote Armee solle ungehindert bis etwa zur Hälfte des Landes vorrücken – dem 38. Breitengrad. Das Gebiet südlich davon solle für die nachrückenden US-Soldaten freigehalten werden. Überraschenderweise stimmt Stalin diesem Vorschlag zu, auch wenn er rein militärisch gesehen leichtes Spiel hätte, die gesamte Halbinsel unter sowjetische Kontrolle zu bringen. Doch noch immer hofft Stalin auf künftige gute Beziehungen zum neuen US-Präsidenten Truman und möchte diese nicht wegen der weltpolitisch eher unbedeutenden Halbinsel Korea aufs Spiel setzen.

Gemeinsam mit den amerikanischen Truppen kommen die koreanischen Exil-Nationalisten ins Land, die seit den 1920er-Jahren hauptsächlich in Schanghai aktiv waren. Weil sie naturgemäß nach der Landung der Amerikaner in Korea gute Beziehungen zu den USA aufbauen können, werden sie von diesen auch einseitig unterstützt. Die Nationalisten schaffen es deshalb in kürzester Zeit, die einheimischen Widerstandsgruppen, die bis dahin vergeblich versucht hatten, die Kontrolle zu übernehmen, ins Abseits zu drängen.

Im Norden wiederum siegen die von der Sowjetunion und China aufgebauten Gruppen um den Partisanenführer Kim Il Sung ebenso schnell über die einheimischen kommunistischen Zellen und Gruppierungen. Somit schlittert Korea, unmittelbar nach dem Abzug der Japaner, erneut in ein Vasallendasein: Diesmal allerdings sind es zwei Großmächte, die Korea weniger ausbeuten als vielmehr als Spielball in ihrem Ringen um die Weltherrschaft zweier konkurrierender Systeme benutzen wollen. Doch schon beim ersten Versuch, eine gemeinsame Übergangsregierung zu bilden, wird offensichtlich, dass dem Vorhaben, Korea treuhänderisch gemeinsam zu verwalten, kein Erfolg beschieden sein wird.

Den endgültigen Todesstoß erhält die Idee eines gemeinsamen koreanischen Staates bei den von der UNO für 1948 festgesetzten Wahlen. Während im Süden der Wahlprozess halbwegs angemessen verläuft, verweigern die Kommunisten unter Führung des neuen starken Mannes Kim Il Sung mit dem Segen Moskaus den UN-Wahlbeobachtern die Einreise ins Land und lehnen damit eine Teilnahme an der Wahl ab. Stattdessen organisieren sie eigene Scheinwahlen und rufen am 9. September 1948 die Demokratische Volksrepublik Nordkorea (Choson) aus.

Zehn Tage vorher hat das neu gewählte Parlament in Südkoreas Hauptstadt Seoul die Republik Korea proklamiert. So endet vorläufig der jahrhundertelange Kampf Koreas um Eigenständigkeit mit dem Entstehen zweier koreanischer Staatsgebilde. Keines der beiden kann behaupten, eigenständig und frei zu sein.

Während im Süden allmählich die amerikanische Hilfe anrollt, bleibt im Norden vorerst die Zeit stehen. Die Kommunisten, die fortan in Kim Jong Ryuls Dorf den Ton angeben, sind nicht in der Lage, Nahrungsmittel an die ausgehungerten Dorfbewohner auszuhändigen. Dennoch werden sie von der überwiegenden Mehrheit im kleinen Dorf freudig begrüßt. Auf den aus der siegreichen Sowjetunion gekommenen, relativ gut ausgerüsteten, wohl genährten ehemaligen Widerstandskämpfern ruht die ganze Hoffnung, dass die bitteren Zeiten der Not endlich ein Ende haben.

Jong Ryuls Vater zögert keine Sekunde und tritt, so bald es möglich ist, der Kommunistischen Partei (formal: Partei der Arbeit Koreas) bei. Seinem Sohn wird diese frühe Bindung seines Vaters zur Partei den späteren Karriereweg entscheidend erleichtern. Als Sohn eines Kommunisten der ersten Stunde wird Jong Ryul immer auf »gutes, reinstes rotes Blut« verweisen, das in Nordkorea fortan lebenswichtige Bedeutung hat.

Die wenigen Dorfbewohner, die den neuen Herren nicht trauen, verschwinden sehr bald. Mit ihrer kargen Habe flüchten sie nach Süden, wie es in den vergangenen Tagen vor ihnen bereits die meisten reicheren Bauern oder Grundbesitzer getan haben. Wer dennoch bleibt und wagt, sich den Kommunisten entgegenzustellen, wird ohne viel Federlesens verhaftet, seine Familie ebenso. Binnen Tagen ist Kim Jong Ryuls Dorf von allen Gegnern der Kommunisten gesäubert. Doch ehe Fragen aufkommen, wohin die Verschwundenen gebracht wurden, wann oder ob sie je wiederkommen, lenkt die Kommunistische Partei mit einer Bodenreform die Begeisterung der Dörfler auf die kommenden Herausforderungen. Tausende Bauern im Norden der koreanischen Halbinsel, die sich bisher als Leibeigene hatten verdingen müssen, erhalten erstmals eigenen Grund und Boden.

Auch Kim Jong Ryuls Familie bekommt 1,2 Hektar Land zugeteilt, was sie zunächst von ihren ursprünglichen Plänen abhält, das Dorf zu verlassen und auf die Suche nach einem leichteren Leben in eine größere Stadt zu ziehen. Keiner der arglosen Dorfbewohner ahnt, dass zu einem Zeitpunkt, wo Nordkoreas Kommunisten Land verteilen, in der kommunistisch beherrschten Sowjetunion jeglicher Privatbesitz schon längst und mit grausamsten Mitteln wieder abgeschafft ist. Kolchosen haben kleine Bauernhöfe abgelöst, Bauern werden verfemt, verfolgt und vernichtet, während Nordkoreas neue Landbesitzer mit Feuereifer daran gehen, ihre Böden zu beackern. Doch die Äcker im Dorf Kim Jong Ryuls sind steinig und geben nur enttäuschend wenig Ertrag her, wovon wiederum ein Drittel an die kommunistischen Machthaber abzuliefern ist. Maschinen oder Düngemittel besitzt im Dorf niemand. Einen Ochsen auszuborgen, um ihn vor den Pflug zu spannen, wäre möglich, doch Kim Sin Gyu und sein Sohn scheuen die Kosten. Stattdessen spannt sich der Vater ins Geschirr ein und Jong Ryul hält den Pflug. Die körperliche Schwerstarbeit, die für die Familie noch immer kaum genug zum Leben abwirft, bestätigt Kim Sin Gyu in seinem Beschluss, die harte Bauernarbeit aufzugeben und in Pjöngjang, der größten Stadt des Nordens, ein neues Leben zu beginnen.

In der durch die Teilung des Landes zur Hauptstadt Nordkoreas aufgewerteten Metropole ist der Familie und ihren mittlerweile drei Kindern das Glück zunächst hold. Vater Kim erhält sofort Arbeit als Buchhalter in einem Steinkohlebergwerk im Norden der Stadt. Doch noch immer ist die von der kommunistischen Führung versprochene staatliche Reisverteilung nicht in Gang gekommen und große Teile der Bevölkerung hungern. Auch für den mittlerweile zwölfjährigen Jong Ryul heißt es erneut, statt wie erhofft in die Schule zu gehen, Arbeit zu suchen und zum Familienüberleben beizutragen.

In den frühen kommunistischen Jahren, nur kurz nach Abzug der Japaner und nach der Abtrennung des Nordens vom Süden, präsentiert Pjöngjang sich noch als pulsierende Handelsstadt mit traditionellen alten Bürger- und Kaufhäusern, sichtbarem Wohlstand, belebten Märkten und vielen Privatbetrieben. Die Gräuel des Zweiten Weltkrieges haben hier keine Spuren hinterlassen. In dieser Atmosphäre hektischer Handels- und Aufbautätigkeit ist für Jong Ryul rasch Arbeit gefunden, der Zwölfjährige wird als Drucker in einer privaten Buchbinderei angelernt. Er arbeitet zwölf Stunden täglich, so wie Tausende andere Kinder in jenen Tagen auch, und findet dennoch Zeit, am Abend einen Kurs zu besuchen, um endlich lesen und schreiben zu lernen. Jeden einzelnen seiner schwer verdienten 200 Won liefert der Junge an seine Eltern ab, immerhin 30 Kilogramm Reis und zwei Dutzend Trockenfische lassen sich von Jong Ryuls Monatslohn kaufen. Genug, um zusammen mit dem Verdienst des Vaters endlich nicht mehr ständig vom Hunger gequält zu werden. Zum ersten Mal ist sich der Junge sicher:»Es geht uns besser, ich muss nur weiter hart genug arbeiten.« Dass seine jüngere Schwester mittlerweile die Schule besuchen kann, während er jeden Tag von morgens bis abends hinter den Papierschneidemaschinen steht, empfindet Jong Ryul nicht als ungerecht. In der streng nach konfuzianischer Tradition lebenden Familie liegt es besonders am ältesten Sohn, die Familie zu unterstützen. Die eigenen Bedürfnisse sind hintanzustellen und dem Wohl der Familie unterzuordnen – eine Selbstverständlichkeit für den früh erwachsen gewordenen Jong Ryul.

Und es scheint tatsächlich aufwärts zu gehen. Seine neue Arbeitsstelle in der Tageszeitungs-Druckerei der Parteikaderschule Pjöngjang bestärkt den Jugendlichen in seinem Eindruck, dass die härtesten Zeiten hinter ihm liegen. Zum ersten Mal genießt der Junge den Luxus eines täglichen Mittagessens.»Schweinefleisch! Fettes Essen!« Er kann sein Glück kaum fassen. Als Arbeiter steht ihm in der Kantine der Parteikaderschule dasselbe gehaltvolle Essen zu wie der zukünftigen kommunistischen Elite des Landes. Nie wird er den köstlichen Geschmack von Butter vergessen, wie er ihn in diesen letzten Tagen der Ruhe vor dem Sturm im späten Frühling 1950 genießen lernt.

Während die Bevölkerung Nordkoreas im festen Glauben, dass der Krieg zur Vergangenheit gehört, für den Aufbau des Landes arbeitet, führt ihr Führer Kim Il Sung anderes im Schilde. Schon bald nachdem die vorläufige Trennung zwischen Norden und Süden vollzogen ist, beginnt Kim Il Sung damit, bei seinen Protektoren Stalin und Mao Stimmung für einen Einmarsch Nordkoreas in den Süden zu machen. Wie man heute weiß, braucht er, um die beiden Männer zu überzeugen, über 40 Telegramme, persönliches Vorsprechen und die Entsendung zahlreicher Kommissare nach Moskau und Peking, um vor allem den widerstrebenden Stalin zu überzeugen. Ausgerechnet der an Brutalität kaum zu überbietende sowjetische Staatschef legt sich quer und will das Abenteuer seines Schützlings Kim Il Sung nicht um den Preis einer weiteren Eskalation seiner Beziehungen zu den USA billigen. Bereits im Juni 1948 waren durch die Blockade Westberlins vonseiten der sowjetischen Truppen die Beziehungen zwischen USA und UdSSR äußerst angespannt. Erst als sich der große Steuermann Chinas persönlich bei Stalin für die Kriegspläne Nordkoreas stark macht – schließlich sei es ein Leichtes, die militärisch schlecht ausgerüstete und schwache Armee des Südens in einem Handstreich zu überrennen–, erhält Pjöngjang grünes Licht von Moskau. Denn auch Russland, seit 1950 im Besitz einer Atombombe, sieht sich mittlerweile stark genug, sich auf eine Kraftprobe mit den USA einlassen zu können.

Die militärische Analyse des kommunistischen Blocks scheint anfänglich richtig zu sein. Zum Zeitpunkt, als die letzten Vorbereitungen für den Angriff geplant werden, ist der Norden dem Süden militärisch haushoch überlegen. Die Amerikaner zogen 1949 ihre Truppen aus Südkorea ab und überließen die militärischen Belange einer eher schlecht ausgerüsteten, nur knapp über 50.000 Mann starken südkoreanischen Armee. Die Sowjetunion vollzog ihren Abzug sogar noch einige Monate früher, hinterließ aber dafür eine verhältnismäßig gut ausgebildete, gut ausgerüstete und zahlenmäßig vielfach überlegene Armee. Diese militärische Überlegenheit soll nun nach den Plänen des Nordens zu einem Blitzsieg führen und die koreanische Halbinsel unter der roten Fahne vereinigen.

Am 25. Juni 1950 überschreiten etwa 80.000 nordkoreanische Soldaten überfallsartig den 38. Breitengrad, nehmen wenige Tage später die Hauptstadt Seoul ein und dringen weiter in den Süden vor. Der Plan Kim Il Sungs geht auf, die Euphorie in Pjöngjang ist grenzenlos. Nach der Schlappe in Berlin, wo Moskau vergeblich versuchte, die Stadt auszuhungern und sich vor der Weltöffentlichkeit in enormen Misskredit brachte, scheint der nordkoreanische Vorstoß nicht nur für Kim Il Sung, sondern für den gesamten kommunistischen Block Balsam. So sorgsam das militärische Vorgehen von Moskau, Peking und Pjöngjang auch geplant war, so unbedacht wirkt sich das nachfolgende diplomatische Vorgehen Moskaus aus:

Die überraschten und schockierten USA, die das Vorrücken der Nordkoreaner nicht hinnehmen wollen, bringen vor dem UN-Sicherheitsrat einen Resolutionsvorschlag ein, der die Verurteilung der Aggression Nordkoreas verlangt. Ob aus Siegestrunkenheit oder aus Unbedarftheit beschließt Moskau, diese eilig einberufene Sitzung des Sicherheitsrates zu boykottieren. Moskau denkt, dass durch diesen Boykott die Sitzung unterminiert und zum Platzen gebracht wird, doch das Gegenteil tritt ein. Die Sitzung wird auch ohne Beteiligung des russischen UN-Botschafters abgehalten, der aufgrund seiner Abwesenheit seine Mitsprache und sein Vetorecht verwirkt. Die Volksrepublik China, die sich ebenfalls auf die Seite Nordkoreas gestellt hätte, ist zu diesem Zeitpunkt noch nicht Mitglied des Sicherheitsrates – somit ist kein Vertreter der kommunistischen Welt, der Nordkorea den Rücken stärken könnte, anwesend. Die erste Resolution, die von den Westmächten im Sicherheitsrat zwei Tage nach Nordkoreas Aggression durchgesetzt wird, beinhaltet eine scharfe Verurteilung Nordkoreas und fordert einen Waffenstillstand.

Einige Wochen später forderte eine zweite Resolution militärischen Beistand für den Süden. 15 Staaten legen Truppen zusammen und bereiten sich auf ihren Einsatz vor. Es ist das erste Mal, dass sich die UNO für einen Kriegseinsatz entscheidet. Er soll für mehrere Jahrzehnte der Einzige bleiben. Die Speerspitze der UN-Truppe stellt die Großmacht USA. Bereits eine Woche nach dem

Überfall Nordkoreas landen die ersten US-Truppen Anfang Juli 1950 in Südkorea. Erst vor wenigen Monaten haben diese Truppen Südkorea friedlich verlassen, nun müssen sie sich Meter für Meter ihres Weges in Richtung Norden erkämpfen. Die anfänglichen Versuche bringen keinen Erfolg, erst der massive Einsatz der Luftwaffe erzwingt eine langsame Wende im Krieg.

Die Intensität des Krieges veranschaulicht der gewaltige Einsatz der US-Luftwaffe, die allein über der nordkoreanischen Hauptstadt Pjöngjang in drei Jahren mehr Bomben abwirft als auf das gesamte Nazi-Deutschland im Zweiten Weltkrieg. Nach Kriegsende steht in der zerstörten Stadt fast kein intaktes Gebäude mehr.

Doch der Luftkrieg allein kann freilich nicht für die entscheidende Wende sorgen. Erst die von Militärs als genialer Schachzug des befehlshabenden Generals MacArthur angesehene Landung der amerikanischen Truppen tief hinter den feindlichen Linien bringt die erwünschten Erfolge. Abgeschnitten von ihren Versorgungslinien und eingekesselt zwischen den Truppen MacArthurs und den von Süden her anrückenden US-Verbänden sehen sich die nordkoreanischen Truppen gezwungen, den Rückzug anzutreten. Bereits zwei Wochen nach der Landung MacArthurs ist die Hauptstadt Seoul im Süden wieder eingenommen. Zwei weitere Wochen später sind die kommunistischen Truppen über den 38. Breitengrad hinaus zurückgedrängt.

Damit wäre das UN-Mandat erfüllt und der Krieg könnte drei Monate, nachdem er begonnen hat, für beendet erklärt werden – wären nicht zwei größenwahnsinnige Männer am Werk: Der südkoreanische Präsident Syngman Rhee und General Douglas Mac Arthur. Rhee, beflügelt vom schnellen militärischen Erfolg, will den Spieß umdrehen und Korea nun unter seinem Banner wieder vereinen. Mit diesen Plänen stößt er bei MacArthur auf offene Türen. Der amerikanische General, ein glühender Antikommunist und Held des Pazifik-Krieges, möchte die nordkoreanischen

Kommunisten ebenfalls von der Bildfläche verschwinden sehen. Er überzeugt die US-Militärführung in Washington, überschreitet am 7. Oktober den 38. Breitengrad und eröffnet die Invasion des Nordens. Zwei Wochen später stehen seine Truppen in Pjöngjang.

Kim Jong Ryul schenkt den Gerüchten vom bevorstehenden Krieg keinen Glauben. Politik interessiert ihn wenig. Er will seine Zeit nicht mit Gerede verschwenden, sondern arbeiten und einen Weg finden, sein Leben zu erleichtern. Doch mit seiner Haltung, nichts zu sehen und nichts zu hören, ist es in den ersten heißen Julitagen 1950 vorbei, als die ersten amerikanischen Bomben auf das völlig unvorbereitete Pjöngjang fallen. Mächtige B-29-Bomber der US-Luftwaffe donnern über die Stadt, die in den ersten Tagen des Krieges nicht einmal Luftabwehrgeschütze besitzt. So sicher ist sich Staatsführer Kim Il Sung in seiner Kriegsstrategie, den Süden mit einem Schlag zu überrennen, dass er die Verteidigung und den Schutz seiner Hauptstadt sträflich vernachlässigt hat. Zwar bieten die vielen, noch von den früheren japanischen Besatzern gebauten Tunnel der Bevölkerung Schutz vor den Luftangriffen, doch als die anrückenden US-Truppen sich Pjöngjang nähern, setzt eine Massenflucht ein.

Die Parteikaderschule, in deren Druckerei Kim Jong Ryul arbeitet, erhält den Befehl, die Stadt sofort zu verlassen. In größter Eile und unter heftigen Bombenangriffen schleppen Schüler, Lehrer und Arbeiter alle Möbel der Schule und der Druckerei zum Bahnhof. Das gesamte Gebäude wird bis auf die allerletzte Schraube geräumt. Auch der inzwischen 15-jährige Jong Ryul sitzt im Zug Richtung China. Alle Mitarbeiter der Kaderschule, vom jüngsten Drucker bis hin zum höchsten Funktionär, und fast 700 Schüler haben sich in die 20 Waggons gezwängt und rollen langsam nach Norden. Mehrmals kommen die Bomber dem Zug bedrohlich nahe, mehrmals muss er anhalten, alle stürzen hinaus und fliehen vor dem tödlichen Stahlhagel in den schützenden Wald.

Als der Zug nach drei Tagen unmittelbar vor der chinesischen Grenze stoppt, heißt es für Jong Ryul und andere einfache Arbeiter der Kaderschule lapidar: »Aussteigen!«. Ins sichere China dürfen nur Schüler, Lehrer und Funktionäre weiterfahren. Alle anderen werden mitten im Nirgendwo ohne Verpflegung und Gepäck neben den Gleisen ausgesetzt. Inmitten weinender, schimpfender und schreiender Menschen hockt ein ratloser und wie betäubter Jong Ryul. »Was mache ich jetzt?« Bleiben, das weiß er, kann er nicht. Ohne eine einzige Münze in der Tasche, nur mit dem Gewand, das er am Leib trägt, sucht er nach einem befreundeten und ebenfalls ausgesetzten Arbeitskollegen.

Gemeinsam machen sie sich auf den Weg nach Süden in Richtung Kim Jong Ryuls Heimatdorf. Irgendwer wird sie dort aufnehmen, hoffen die beiden Jugendlichen, und irgendwie, vertrauen sie auf die Kraft ihrer Jugend, werden sie sich dorthin durchschlagen. Sie marschieren Tage und Nächte durch, betteln bei Bauern um ein paar Süßkartoffeln und ein bisschen Maisbrei, sammeln Kräuter und Früchte im Wald – und stehen plötzlich amerikanischen Soldaten gegenüber. Die zu Tode erschrockenen Jungen versuchen zu fliehen, doch anders als die Propaganda den beiden eingebläut hat, werden sie nicht auf der Stelle von den »amerikanischen Teufeln« erschossen. Im Gegenteil schenkt einer der fremden Soldaten Jong Ryul das Kostbarste, was er bisher gesehen hat: Eipulver und Schokolade. Mehrmals kreuzt sich ihr Weg mit den vorrückenden amerikanischen Truppen, bis sie, am Ende ihrer Kräfte, endlich in Jong Ryuls Heimatdorf ankommen.

Dorthin hat sich mittlerweile auch seine restliche Familie gerettet, die nach ein paar Wochen in dem abgeschiedenen Dorf beschließt: Gemeinsam gehen sie, trotz Bomben und Krieg, wieder zurück nach Pjöngjang. Die Stadt liegt unter Dauerfeuer, in täglich mehreren Wellen fliegen die amerikanischen Kampfbomber Angriffe auf die schwer getroffene Metropole, die allmählich in Schutt und Asche versinkt.

Pak Jong Hyon, ein Nachbar der zurückgekehrten Familie, freut sich dennoch, sie inmitten von Chaos und Zerstörung wiederzusehen. Jemanden wie Jong Ryul sucht der hochrangige Mitarbeiter in Pjöngjangs Erziehungs- und Bildungsministerium: Er braucht einen gut ausgebildeten Drucker, einen, der auch mit den uralten britischen Papiermaschinen umgehen kann, wie sie im Ministerium herumstehen. Jong Ryul kann es und wird auf der Stelle engagiert.

Mehr als der Krieg und die täglichen Bomben prägen fortan die Mitarbeiter des Sekretariats im Ministerium den künftigen Lebensweg des Jugendlichen. Erstmals hat der zurückhaltende, doch hellwache Junge mit gebildeten Personen Umgang, die wiederum schnell erkennen, dass er zu Höherem berufen ist als zum Drucker. Im aufzubauenden kommunistischen Nordkorea, drängen Jong Ryuls Mentor Pak Jong Hyon und dessen Kollegen, habe er eine verantwortungsvollere Rolle zu übernehmen. »Du musst lernen und zur Schule gehen!«, hört Jong Ryul von nun an ständig. Doch er bleibt seinem Lebensmotto, das er sich schon vor Jahren zu Hause auf dem Feld seines Heimatdorfes eingeprägt hatte, unerschütterlich treu: »Ich muss nur hart arbeiten. Wenn ich dann eines Tages in die Partei eintrete, werde ich glücklich.«

Wären nicht die ständigen Bombenangriffe, sähe sich der versierte junge Drucker fast am Ziel. Seine exakte, sorgsame Arbeit wird geschätzt. So groß ist das Vertrauen in den Heranwachsenden, dass er bald zu Botendiensten herangezogen wird. Die im Ministerium gedruckten Befehle, Schriften und Anweisungen gilt es in das eineinhalb Kilometer entfernte Regierungsgebäude zu bringen. Dafür darf Jong Ryul eines der wertvollsten Fahrzeuge benutzen, die das Ministerium besitzt: ein Waffenrad tschechoslowakischer Provenienz. Zehn Stück hat die kommunistische Führung in Prag den »Brüdern« in Pjöngjang übergeben. Wer auf ihnen fahren darf, gilt unter den fast 1000 Mitarbeitern im Ministerium als besonders privilegiert. Umso verzweifelter ist Kim

Jong Ryul, als ihn eines Tages die Druckwelle einer Fliegerbombe vom Fahrrad reißt. Er selbst ist zwar nur leicht verletzt, doch vom Fahrrad bleibt nur noch Schrott. Schweren Herzens trägt er die verschmorten Metallreste des Rades zurück ins Ministerium, wo man ihn tröstet:»Es war nicht deine Schuld.«

Dass er selber sterben könnte, daran denkt Kim Jong Ryul nie. Es ist, als ginge ihn der Krieg noch immer nichts an. Wenn die Bomben fallen, flüchtet er in einen der vielen, noch während der japanischen Besetzung gebauten Bunker, an das ständige Sirenengeheul hat er sich längst gewöhnt. Nur wenn Entwarnung gegeben wird und Jong Ryul sich durch den beißenden Staub wieder ins Freie kämpft, überfällt ihn der ganze Schrecken des Krieges. Der Geruch von verbranntem Fleisch liegt in der Luft. Überall zerfetzte Körper, Leichenteile, die in Bäumen hängen, rauchende Trümmer, metertiefe Krater in den Straßen. Wenn er die Augen schließt, hat er die Bilder der Verwüstungen und todbringenden Zerstörung immer vor sich.

Sein Zuhause ist mittlerweile ein 70 Meter tiefer Bunker, unmittelbar neben dem Erziehungsministerium im Zentrum Pjöngjangs.

Zwei Jahre lang lebt er mit Dutzenden anderen Menschen in dem Tunnelsystem. Seine düster-kalte Unterkunft sieht er durchaus als »praktisch« an, denn im täglichen Bombenhagel zum Haus seiner Eltern zu fahren wäre viel zu gefährlich. Als ihn schließlich mehrere befreundete Beamte des Ministeriums erneut drängen, zur Schule zu gehen, ergreift der 17-jährige, des Lesens und Schreibens kundige, sonst jedoch ungeschulte Jugendliche seine Chance: Er will lernen! Im August 1952, während der Koreakrieg noch in voller Härte tobt, reist Kim Jong Ryul mit einem kleinen Rucksack bepackt in die 150 Kilometer nördlich von Pjöngjang evakuierte Schule »Jong Ju«.

Die rasch vorrückenden amerikanischen Truppen, die den Norden fast erobert haben, kommen der chinesischen Grenze entlang des Yalu-Flusses bereits bedrohlich nahe. Chinas Diktator Mao, der seinem Schützling Kim Il Sung noch wenige Monate zuvor gönnerhaft zur Seite stand, sieht sich nun selbst mit einer Lage konfrontiert, die nicht nur den Untergang Nordkoreas herbeiführen könnte, sondern auch die Macht seiner Kommunisten zu Hause zu untergraben droht. Er geht zum Gegenangriff über und schickt über eine Million, teils nur mit Holzknüppeln bewaffnete chinesische Soldaten über den Yalu-Fluss, um MacArthurs Vorstoß abzufangen.

Douglas MacArthur wiederum sieht sich seit seinem Aufstieg in den Olymp der Kriegshelden, nach seinem Sieg über das kaiserliche Japan nicht mehr nur noch als Soldat. Er hat politische Ambitionen und peilt das Präsidentenamt an. Deshalb scheut er nicht davor zurück, die Gegenoffensive Chinas für eine politische Kampagne in Washington zu nutzen, die nicht nur die Besetzung Nordkoreas zum Ziel hat. Darüber hinaus will er den Sturz Maos und die Wiedereinsetzung des nationalistischen, rechtsgerichteten, ehemaligen Präsidenten Chinas, Chiang Kai-Chek. Doch der große antikommunistische Wurf MacArthurs wird nicht zuletzt von US-Präsident Truman vereitelt. Insbesondere da die UdSSR bereits zur Atommacht aufgestiegen ist und sich die Ost-West-Konfrontation in Europa bereits gefährlich zugespitzt hat, will Truman kein zusätzliches Risiko eingehen. Sein Zögern wird sich entscheidend auf die militärische Lage auswirken. Die vorrückenden chinesischen Truppen könnten bei ihrem Vormarsch durch die Sprengung der Brücken über den Yalu-Fluss aufgehalten werden. Doch was MacArthur fordert und der militärische Verstand gebietet – die Zerstörung der Brücken –, wird von Truman ausdrücklich verboten. Nahezu ungehindert rücken die Chinesen deshalb vor. Ihre Bereitschaft, enorme menschliche Verluste hinzunehmen, macht sie für die UN-Truppen und die Amerikaner zu einem unbezwingbaren Gegner. Westliche Soldaten werden später berichten, dass die »chinesischen Menschenwellen« weniger als Kampftruppen eingesetzt werden, sondern als eine Art Kugelfang, die die Munition der Gegner aufbrauchen sollen.

Erneut wendet sich das Kriegsgeschick und binnen weniger Wochen erobern die chinesischen Truppen die südkoreanische Hauptstadt Seoul. MacArthur, der sich bereits im offenen Krieg mit seinem Präsidenten befindet, verlangt den Einsatz der Atombombe gegen China. Dies veranlasst Truman wiederum, den widerspenstigen General seines Kommandos zu entheben. Dessen Popularität als »antikommunistischer Recke« tut dies daheim in den USA keinen Abbruch. Bei der Parade nach seiner Entmachtung sollen bis zu sieben Millionen Menschen die Straßen gesäumt haben.

Kurz vor seiner Absetzung gelingt MacArthurs Truppen die Rückeroberung Seouls, die chinesischen Truppen werden wieder jenseits des 38. Breitengrades zurückgedrängt. Ab April 1951 wandelt sich der durch schnelle Frontwechsel gekennzeichnete Kriegsverlauf zu einem zwei Jahre dauernden Stellungskrieg, der an die Grabenkämpfe des Ersten Weltkriegs in Europa erinnert. Erst die Wahl eines anderen amerikanischen Helden des Zweiten Weltkriegs, General Eisenhower, zum US-Präsidenten und dessen erfolgreiche Friedensbemühungen bewirken, dass am 27. Juli 1953 ein Waffenstillstand unterzeichnet wird und der Krieg genau dort endet, wo er begonnen hat – am 38. Breitengrad.

Die Bilanz des sinnlosen und für alle Seiten extrem verlustreichen Kriegs: Fast drei Millionen tote koreanische Zivilisten, 700.000 umgekommene Soldaten der beiden verfeindeten koreanischen Armeen, eine Million gefallener chinesischer Soldaten, 54.000 getötete US-Soldaten und 3200 Soldaten anderer UN-Nationen. Der Koreakrieg, der die Welt an den Rand eines Dritten Weltkrieges führte und beinahe den erneuten Einsatz einer Atombombe mit sich brachte, schreckt nicht nur Präsident Truman vor weiteren Eskalationen ab, sondern auch, wie später bekannt wird, Nordkoreas damals noch jungen Diktator Kim Il Sung. Vergeblich fleht er bereits im Frühsommer 1951 seinen Gönner Mao an, den Krieg so schnell wie möglich zu beenden. Doch Mao, dem Nordkoreas Schicksal weniger wichtig ist als sein eigenes, will davon nichts hören und schickt zwei weitere Jahre lang chinesisches und nordkoreanisches »Kanonenfutter« an die Front.

Wie so oft in der koreanischen Geschichte ist es auch diesmal so, dass nicht die Koreaner über Krieg und Frieden entscheiden, sondern fremde Mächte. Damit erwirbt sich Korea das traurige »Verdienst«, als Land in dem ersten und zugleich einem der verlustreichsten Stellvertreterkriege in dem über ein halbes Jahrhundert dauernden Kampf der Blöcke Ost gegen West gewesen zu sein.

Fern von Kampfgeschehen, Sirengeheul und Bombendonner kommt Kim Jong Ryul langsam zur Ruhe. Im kleinen, abgelegenen Dorf im Norden des Landes, wohin die Technische Hochschule »Jong Ju« evakuiert worden war, eröffnet sich ihm eine neue Welt. Er muss 17 Jahre alt werden, bis er zum ersten Mal hört, dass die Erde sich dreht, dass es andere Völker in anderen Kontinenten gibt, dass mathematische Gleichungen funktionieren und dass Physik ihn brennend interessiert. Eine bunt zusammengewürfelte Schülergruppe, 300 Wissbegierige im Alter von 14 bis 35 Jahren, lernen, was ihnen japanische Besatzung oder Armut oder der Zwang zu arbeiten bisher vorenthalten haben. Ein Reichtum des Wissens tut sich vor Kim Jong Ryul auf: Bücher, Romane wie »Der Graf von Monte Christo«, »Krieg und Frieden« ... und erst allmählich ahnt er, was ihm in seiner Kindheit vorenthalten wurde. Nie wieder, schwört er sich, wird er darauf verzichten. Er beschließt zu lernen, was immer sich ihm bietet.

Zum ersten Mal schließt Jong Ryul Freundschaften, fühlt sich wohl und weiß, dass er seinen Weg gefunden hat. Sein Glück wäre vollkommen, wäre da nicht der ständige Hunger. Mais ist das Einzige, was die Schule in den nun schon seit Jahren dauernden Kriegszeiten ihren Schülern zu bieten hat. Nach dem Unterricht gehen deshalb alle Schüler Pflanzen sammeln. Jong Ryul, gestählt durch das harte Landleben, hat seinen Kollegen das wichtigste Wissen voraus: Er weiß, welche Kräuter essbar sind und welche man erst drei Tage lang in Wasser einweichen muss, bis jeder bittere Geschmack entwichen ist. Dennoch ist der Hunger immer da, beim Lernen, beim Aufwachen, beim Schlafengehen, bei der Vogeljagd. Zehn Jahre nach seinem bitteren Leben im Dorf seiner Eltern lockt der hochbegabte Schüler Kim Jong Ryul wieder Spatzen in die Falle. Denn anders kommt man, auch als vielversprechender junger Mann, in diesen entbehrungsreichen Kriegsjahren in Nordkorea niemals zu Fleisch. Und so viel hat der Schüler Jong Ryul mittlerweile im Unterricht gelernt: Wer leben will, braucht Proteine.

4
Wunderbare DDR

김 정 룔

Schreiend und drängelnd halten die Händler am Bahnsteig den Zugreisenden gelbe Früchte entgegen. Kim Jong Ryuls Interesse ist sofort erwacht. Alles Essbare, sei es noch so unbekannt, möchte er, der das Gefühl, satt zu sein, kaum kennt, in seine Hände nehmen, kosten und genießen. Zehn Stück der nie zuvor gesehenen Früchte lässt sich der junge Mann am Bahnhof der sibirischen Stadt Irkutsk durch das Zugfenster reichen. Ungeduldig schneidet er die Schale von der Frucht und beißt – unter den erwartungsvollen Augen seiner Kollegen – in eine Zitrone! Was für eine Enttäuschung, dass die verheißungsvolle Frucht nur sauer ist. Verärgert darüber, was er sich für seine wertvollen Rubel hat andrehen lassen, wirft Jong Ryul alle Zitronen aus dem Fenster, sobald der Zug Richtung Moskau abfährt.

Seit Tagen sitzen mehrere Dutzend angehende nordkoreanische Studenten in einem Zug nach Westen. Kim Jong Ryul ist einer von ihnen. Noch immer vermag er es kaum zu glauben: Er, der erst mit zwölf Jahren lesen und schreiben lernte, fährt nun mit 20 in die DDR, um Maschinenbau zu studieren. In den vergangenen drei Jahren hat er mit eisernem Willen und nicht zu stillendem Wissenshunger nachgeholt, wofür andere Schüler zehn oder mehr Jahre brauchen. Das Abitur des spät berufenen Musterschülers fällt derart glänzend aus, dass Jong Ryul einige Wochen später, im Juli 1955, zur zentralen Aufnahmeprüfung für Auslandsstipendien eingeladen wird.

Die Beamten des kommunistischen Erziehungsministeriums haben Mühe, in der so kurz nach dem Krieg noch immer in Schutt und Asche liegenden Hauptstadt Pjöngjang einen Saal zu finden, der groß genug ist, um alle tausend Bewerber unterzubringen. Es sind die hellsten Köpfe des Landes. Sie sollen im Auftrag der Demokratischen Volksrepublik Korea im Ausland studieren, das neueste Wissen mit nach Hause und so das Land vorwärts bringen – wobei die Wahl ihres Studiums freilich nicht ihnen, sondern der Partei vorbehalten ist. Die Kosten dafür werden die kommunistischen Bruderländer übernehmen, die die Stipendien an Nordkorea als einen solidarischen Akt des Wiederaufbaus nach dem verheerenden Koreakrieg erachten.

Kim Jong Ryul schafft die Massenprüfung ohne große Anstrengung und denkt an ein Studium der Lebensmitteltechnologie in Bulgarien. Doch sein Mentor im Erziehungsministerium, der den Jungen früher als Drucker unter seine Fittiche geholt hatte, lässt den jungen Mann zu sich rufen und rät:»Du solltest Maschinenbau studieren. Der beste Ort dafür ist in der DDR. Du wirst ein hervorragender Techniker werden.«

Und so steht Kim Jong Ryul zwei Wochen später zusammen mit 64 anderen Glückspilzen, die in den osteuropäischen sozialistischen Bruderländern studieren werden, vor dem frisch wieder aufgebauten Bahnhof in Pjöngjang. In ihrer neuen Uniform, vom Staat gespendet, haben die Hoffnungsträger des kommunistischen Nordkorea anzutreten. Sie alle sind nach den immensen Verwüstungen und Entbehrungen des Krieges so arm, dass keiner mit Gepäck reist. Niemand unter den jungen Männern und Frauen besitzt auch nur einen Koffer. In einem Bindetuch tragen sie jeweils ihre allernötigste Habe mit sich. »Eine gute Reise wünsche ich dir«, gibt Kim Sin Gyu seinem Sohn Jong Ryul Glückwünsche mit auf den Weg ins Unbekannte. Eine Schachtel Bonbons für die Reise ist alles, was der lächelnde Vater seinem Ältesten in die Hand drücken kann. Beide wissen, dass sie einander in den nächsten Jahren nicht sehen werden.

Am Nachmittag dieses späten Augusttages 1955, fast auf den Tag genau zehn Jahre nach der Kapitulation der japanischen Besatzer, fährt der Zug Richtung Moskau ab. Als der Zug die Grenze nach China passiert, springen die Studenten, ohne dass sie dazu aufgefordert werden, auf und singen das »General-Kim-Il-Sung-Lied«:»Für dich, Kim Il Sung, fahren wir ins Ausland«, stimmt auch Kim Jong Ryul mit ein. Doch die Tränen der Rührung für den »Großen Führer«, wie sie einige der Mitreisenden vergießen, weint

Jong Ryul nicht. »Ich habe es aus eigener Kraft geschafft«, weiß er, hütet sich jedoch wohlweislich, derartige Gedanken laut auszusprechen. Beinahe trotzig redet der Junge in sich hinein: »Ich habe mehr als hart dafür gearbeitet und ich fahre mit vollem Recht ins Ausland.«

Ansprüche zu stellen oder gar das Recht auf ein selbstbestimmtes Leben zu erheben ist im Nordkorea der 1950er-Jahre nach einem Jahrzehnt kommunistischer Diktatur bereits undenkbar geworden. Die Partei hat das Land mittlerweile eisern im Griff, mehrere Säuberungswellen innerhalb der kommunistischen Führungsriege haben alle potenziell gefährlichen Konkurrenten des zunehmend allmächtig gewordenen Kim Il Sung beseitigt. In einer Serie von Schauprozessen wird ein Dutzend hochrangiger Funktionäre als vermeintliche »amerikanische Agenten« zum Tode verurteilt, unter ihnen der frühere Außenminister und Kommunist der ersten Stunde Pak Hon Yong. Der Möglichkeit, dass von Regierungs-, Partei- oder Armeespitze Kritik an seinem Führungsstil aufkommen könnte, begegnet Diktator Kim Il Sung mit rigoroser Härte im Stile eines Stalin oder Mao: Von den 22 Mitgliedern der ersten nordkoreanischen Regierung werden im Lauf der Jahre 17 ermordet, exekutiert oder durch Säuberungen »unschädlich« gemacht.

Von Kim Jong Ryul wird die Partei kein kritisches Wort hören. Er, als Kind leibeigener Bauern, dem die Partei den Schulbesuch ermöglichte und die ihn nun ins Ausland schickt, ist dem Staat und seiner alles beherrschenden »Partei der Arbeit Koreas« treu ergeben. Er weiß, ohne dass ihm die Freunde in Pjöngjangs Erziehungsministerium die Sachlage erklären müssen: In erster Linie fährt der ehrgeizige junge Mann nicht für seine eigene Ausbildung in die Fremde, sondern vielmehr im Auftrag und im Dienste Nordkoreas.

Als der Zug nach fast 14 Tagen an einem kühlen Morgen Ende August am Bahnhof in Ostberlin einfährt, wird der von sich und seiner Mission vollends überzeugte Kim Jong Ryul zum ersten Mal unsicher. »Tak-tak-tak-tak-rak«, prasselt die Rede des vom Berliner

Unterrichtsministerium gesandten Beamten auf die müden nordkoreanischen Studenten nieder. Keiner von ihnen versteht auch nur ein Wort der auf Deutsch gehaltenen Rede. Erst das Frühstück mit Brötchen und Butter, ein unbekannter Luxus für die ausgehungerten jungen Menschen, besänftigt Kim Jong Ryul. Zum ersten Mal seit vielen Wochen kann er sich wieder satt essen und seine Zuversicht steigt: Irgendwie wird er auch diese Sprache lernen.

Erste Station: Karl-Marx-Universität Leipzig. Alle 65 nordkoreanischen Studenten haben zunächst den Auftrag, Deutsch zu lernen, und sie tun es jeden Vormittag und jeden Nachmittag, quälen sich mit den neuen fremdartigen Lauten und Worten, pauken, als gäbe es kein Leben außerhalb der Universitätsmauern. Eine zweite Chance gibt es für sie nicht: Wer nach einem Jahr Deutsch-Intensivkurs die Prüfungen nicht besteht, muss nach Nordkorea zurück. Obwohl seine Tage von früh bis spät mit Lernen ausgefüllt sind, beginnt Kim Jong Ryul allmählich zu schätzen, was Leipzig ihm bietet: Zum ersten Mal in seinem Leben hat er bei jeder Mahl-

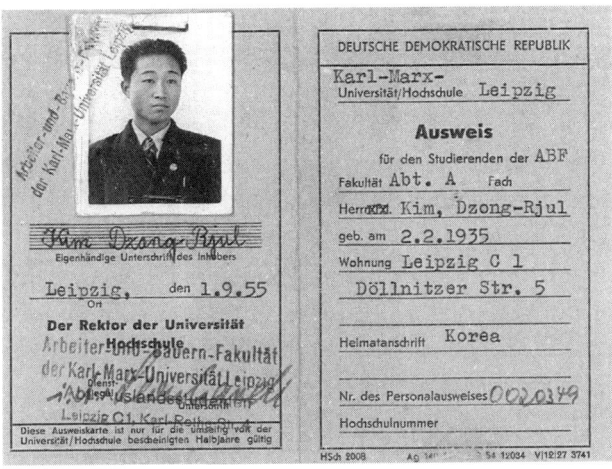

Studentenausweis Kim Jong Ryuls während seiner Studienzeit in der DDR

zeit genug zu essen. Zum ersten Mal muss er nach dem Unterricht nicht auf Nahrungsmittelsuche gehen, muss keine Vögel jagen oder Holz sammeln. Ja, er könnte sogar abends durch die Stadt spazieren, ins Kino oder Theater gehen, Freunde besuchen. Doch Kim Jong Ryul fühlt kein Bedürfnis, diese Freiheiten zu nutzen. Es genügt ihm zu wissen, dass er sie hat.

Kein nordkoreanischer Aufseher von der Botschaft in Berlin spornt die Studenten zum Lernen an, kein Inspektor des Regimes in Pjöngjang treibt sie zu Parteiversammlungen. Zu Hause, in Nordkorea, wurde hingegen über jede Minute Kim Jong Ryuls – so wie über jedes Menschen – verfügt. Waren Unterricht oder Arbeit vorbei, galt es verpflichtend beim Wiederaufbau mitzuarbeiten. Gräben waren auszuheben, Ziegelsteine zu schupfen, Sand zu schaufeln, Straßen zu teeren. Freie Wochenenden gab es nie, das verwüstete Pjöngjang musste Gebäude um Gebäude wieder aufgebaut werden, mit Millionen Menschenhänden, in verordneten »Arbeitsschlachten«.

Wie frei ist hingegen das Leben der nordkoreanischen Studenten in der DDR! Jedem ist es selbst überlassen, nach dem Unterricht zu tun, was er oder sie will. Dennoch hat Jong Ryul nur eines im Kopf: Lernen. Die Freiheit, wie sie im nahen Westdeutschland winkt, interessiert den Studenten nicht. Er, der den Marxismus-Leninismus als den einzig richtigen politischen Weg ansieht, fühlt sich im kommunistischen Ostdeutschland wohl. Er bewundert den im Vergleich zu den bitterarmen Verhältnissen in Nordkorea großen Wohlstand der DDR und bringt nicht das geringste Verständnis dafür auf, als sich einige seiner Kommilitonen in den kapitalistischen Westen absetzen und auf Nimmerwiedersehen verschwinden. Mehr noch, Jong Ryul verachtet sie für ihren »Verrat« an ihrer Heimat, an ihrem Auftrag und dem Versprechen, das neue Nordkorea aufzubauen.

Nach bravourös bestandener Sprachprüfung wechselt der 21-Jährige im Sommer 1956 an die Technische Hochschule in

Dresden, um Maschinenbau zu studieren. An die 350 nordkoreanische Studenten halten sich in der Stadt und deren näherer Umgebung auf, doch der vom Ehrgeiz, möglichst perfekt Deutsch zu lernen, angetriebene Jong Ryul freundet sich mit einem Studienkollegen aus Magdeburg an. Bis zum Ende seines Studiums teilt der asiatische Student sein Zimmer mit dem jungen Karl-Heinz L. Sieben Jahre lang bilden der große, schlanke Deutsche und der um einen Kopf kleinere, drahtige Nordkoreaner das perfekte Gespann: Wissbegierig, strebsam und entschlossen, später Karriere zu machen, feuern sie einander gegenseitig an. Sie genießen ihre gemeinsamen Nachmittage bei der Leichtathletik, trainieren und lernen abwechselnd.

Den zunehmenden politischen Spannungen zwischen DDR und BRD schenken die beiden Studenten kaum Beachtung. Selbst als die DDR-Regierung im August 1961 den Befehl gibt, um Westberlin eine Mauer hochzuziehen, berührt sie dies nicht. Mögen sich andere in den Westen verabschieden, mögen sie durch das bis dahin offene Schlupfloch Berlin entkommen, wie es Zigtausende Ostdeutsche jährlich tun, Kim Jong Ryul und Karl-Heinz L. würden diesen Weg nie wählen.

Doch in der Studentenszene Dresdens denken viele anders. Auch aus dem Studentenwohnheim in der Reichsstraße, wo viele Nordkoreaner einquartiert sind, haben sich mittlerweile bereits mehr als 30 Studenten in Richtung Westen abgesetzt. Einige fliehen mit ihren ostdeutschen Freundinnen, um »drüben« heiraten zu können. Denn den nordkoreanischen Studenten in der DDR ist es strengstens untersagt, sich mit deutschen Frauen einzulassen, und seien diese auch noch so glühende Anhängerinnen der Sozialistischen Einheitspartei Deutschlands (SED). Eine Liebesaffäre, gar eine unerlaubte Hochzeit, wird mit dem Befehl zur unverzüglichen Rückkehr nach Nordkorea bestraft.

Aus Jong Ryuls Studentenwohnheim in der Güntzstraße setzt sich 1957 Kim Sok Sik ab, nachdem sich dieser während eines kurzen Ferienaufenthaltes in Rostock in eine westdeutsche Frau verliebt hat. Die Lichter in seinem Studentenzimmer lässt er in der Nacht seiner Flucht brennen, die wertvollen Bücher bleiben zurück, während er sich nach Berlin aufmacht. Über die geteilte Hauptstadt ist es noch leicht zu fliehen, noch ist keine Mauer zu überwinden. Doch so problemlos der junge Nordkoreaner in den kapitalistischen Westen abtaucht, so bitter bezahlt dessen Familie in Nordkorea. Die Führung in Pjöngjang wird sofort benachrichtigt. Kollegen des Geflohenen informieren die nordkoreanische Botschaft in Berlin, die wiederum unverzüglich Meldung erstattet. Eltern und Geschwister des Abgängigen werden in eines der berüchtigten Arbeitslager gesteckt. Die unmenschliche und extrem grausame Strafe für »Verräter-Familien« soll derart hoch sein, dass sie andere Studenten vor der Versuchung einer Flucht abschreckt. Wer in einem der Lager landet, hat kaum Überlebenschancen. Zehntausende Menschen, in jeweils mehreren Dörfern zusammengefasst, haben ein tägliches Arbeitspensum zwischen 14 und 18 Stunden zu verrichten. Ärztliche Versorgung gibt es ebenso wenig wie Nahrungsmittel, die Gefangenen erhalten nur einen Sack Salz pro Jahr, ihr Gemüse und Getreide müssen sie selbst anbauen. In der Regel sterben die Festgehaltenen nach wenigen Jahren an Hunger, Krankheiten und Überarbeitung.

Ungefähr in den Tagen von Kim Sok Siks Flucht führt das Politbüro in Pjöngjang eine neue Form der Kontrolle und des Terrors ein: Alle Nordkoreaner werden aufgrund ihres familiären Hintergrunds als »freundlich«, »neutral« oder »feindlich« eingestuft. Jahre später wird diese Klassifizierung in 51 Untergruppen unterteilt. Von dieser Einstufung hängt ab, ob man heiraten und welchen Beruf man ergreifen darf, wie man bestraft wird, wenn man sich eines Vergehens schuldig macht. Als »feindlich« eingestuft zu werden, hat Ende der 1950er-Jahre fatale Folgen: 2500 Menschen werden hingerichtet, über 70.000 in die Lager der unwirtlichen Bergregionen umgesiedelt.

Als Sohn eines Vaters, der bereits in den ersten Tagen der Machtübernahme der Kommunisten Mitglied der Partei wurde, hat Kim Jong Ryul keine Repressionen zu befürchten. Weitgehend ungestört vertieft er sich in seine Studien der Physik, Chemie, Mechanik und der Strömungsmaschinen. Sein Leben, eines, das er sich gar nicht besser vorstellen könnte, gehört dem Lernen und dem Sport. Für Kinobesuche, wie sie sich unter seinen nordkoreanischen Freunden größter Beliebtheit erfreuen, hat der kühle, stets pragmatisch denkende Techniker wenig übrig. »Zeitverschwendung«, tut er den »Kitsch« ab. »Nichts davon bleibt in meinem Kopf zurück.« Er stürzt sich stattdessen auf Bücher, studiert das Kapital von Karl Marx ebenso emsig wie er Karl Mays Romane verschlingt und liebt, sodass er gar ins Schwärmen gerät, genauso wie bei den Abenteuern Robinson Crusoes. Klassische Konzerte und Opern begeistern ihn.

Nur einen kleinen Luxus leistet sich der ernsthafte junge Mann in aller Heimlichkeit. Woche für Woche besucht Jong Ryul, ohne dass nicht einmal sein Alter Ego Karl-Heinz davon weiß, eine Tanzschule. Nicht, dass es verboten wäre, Walzer, Tango oder Foxtrott zu lernen, doch jeder seiner Freunde, ahnt Jong Ryul, würde ihn als hoffnungslos altmodisch, schlimmer noch, als »bourgeois« verhöhnen. Doch Jong Ryul weiß, was er will. Wenn die nordkoreanischen Studenten wie immer am 15. August die Befreiung von der japanischen Kolonialherrschaft feiern und miteinander singen, will er tanzen. Und er beeindruckt sie alle mit galant getanzten Walzern, die den anderen nordkoreanischen Studenten vollkommen fremd geblieben sind.

Jong Ryul, der die deutsche Sprache mittlerweile perfekt beherrscht und die deutsche Kultur lieben gelernt hat, hat inzwischen einen deutschen Spitznamen. »Emil«, rufen ihn seine Kommilitonen an der Technischen Hochschule nur noch, seit das Deutsche Staatsfernsehen die Auftritte der Komödianten »Max und Emil« ausstrahlt. Max und Emil, das sind wie Karl-Heinz L. und Kim Jong

Ryul zwei junge Männer, der eine einen Kopf größer als der andere. »Du bist Emil«, meint Jong Ryul zu seinem besten Freund, während die Studienkollegen lachend erwidern: »Nein, DU bist Emil.« Fortan wird jeder seiner Kollegen, der mit der Aussprache des Namens Kim Jong Ryul seine liebe Not hat, nur noch Emil sagen.

Es sind nahezu unbeschwerte Jahre, die der junge Nordkoreaner in Dresden erlebt. Stundenlanges Lernen, hartes Arbeiten, ohne zu klagen, eiserne Disziplin – all das hat Jong Ryul alias Emil von seinen ersten Kindheitstagen an gelernt, doch darüber hinaus hat sich für den mittlerweile fast 25-Jährigen eine neue Welt aufgetan. Eine, in der es relativen Wohlstand und ein hohes Bildungsniveau der Bevölkerung gibt. Eine, die so etwas wie Freizeit ermöglicht, auch wenn die Studenten in den Sommerferien beim sozialistischen Arbeitseinsatz in Rostock beim Kanalbau oder im Herbst beim Ernteeinsatz helfen müssen.

Einmal erhalten Jong Ryul, dessen Deutschkenntnisse die der meisten anderen Nordkoreaner in Dresden bei Weitem übertrifft, und zehn andere nordkoreanische Studenten während der Sommerferien einen besonderen Auftrag. Unter strengster Geheimhaltung und in abgesperrten Räumen, unter ständiger Bewachung durch nordkoreanische Botschaftsmitarbeiter, haben die jungen Leute Texte für das Zentralkomitee in Pjöngjang zu übersetzen. Bei den Papieren handelt es sich um nichts anderes als Dokumente der SS, die das ZK der Sozialistischen Einheitspartei Deutschlands (SED) der nordkoreanischen Führung kurzfristig zur Verfügung stellte. Ob Diktator Kim Il Sung bei Hitlers Schergen »nachlesen« und sich Anleitungen in Unterdrückungsmechanik holen wollte, erfahren die Studenten freilich nicht. Jong Ryul kann es sich nicht erklären: Wofür braucht die Partei in Pjöngjang die Texte der deutschen Faschisten? Zu fragen wagt weder der Maschinenbaustudent noch ein anderer aus der Übersetzergruppe. Sie bekommen nur eines zu hören: Sie dürfen nicht einmal untereinander über den Auftrag reden.

Tausende Kilometer entfernt, in Nordkorea, sind die letzen individuellen Freiheiten mittlerweile verschwunden. Alle privaten Unternehmen sind aufgelöst oder verstaatlicht, alle Bauernhöfe nach der ersten Landreform wieder zwangskollektiviert, das Land mit großzügiger Hilfe aus der Sowjetunion und China industrialisiert. Die Grundlagen für den Aufbau der Schwerindustrie im Norden der koreanischen Halbinsel hatten bereits die japanischen Kolonialherren geschaffen: Wegen seines Rohstoffreichtums bot sich die Region als idealer Standort für die Industrieproduktion an. Als die Kommunisten die Macht übernahmen, stülpten sie das Modell des Großen Bruders Sowjetunion, wonach die Schwerindustrie Vorrang vor jeder anderen Art von Wirtschaftsentwicklung hat, auch über Nordkorea. Zunächst mit herzeigbarem Erfolg: Kaum fünf Jahre nach dem Krieg sind die Schäden behoben, in den einst zerbombten Städten reiht sich ein schnell hochgezogenes Gebäude ans nächste, die Industrieproduktion hat wieder Vorkriegsniveau erreicht.

Auch das politische System, das Staatsgründer Kim Il Sung errichtet, spiegelt den Einfluss der Sowjetunion wider – bis drei Jahre nach Stalins Tod die neue Führung in Moskau beim XX. Parteitag der KPdSU den Personenkult um den verstorbenen Diktator und dessen Folgen verurteilt. Als von dieser Entwicklung ermutigt auch Parteikader in Pjöngjang wagen, gewisse »Fehlentwicklungen« in Nordkorea zu kritisieren, schlägt Kim Il Sung erbarmungslos zurück. Der gesamte Kader wird gesäubert, im Krieg hoch dekorierte Generäle werden vor Gericht gestellt und zum Tode verurteilt. Potenziell gefährliche Konkurrenten, teils mit hervorragenden Verbindungen nach Moskau oder Peking, werden exekutiert. An die frei werdenden Schlüsselstellen in Partei und Armee setzt der Diktator seine Vertrauenspersonen: willfährig, oft wenig gebildet, von ihren Aufgaben überfordert, aber umso loyaler. Gegen Ende der 1950er-Jahre ist Kim Il Sungs Zugriff auf Partei und Armee eisenhart, seine Position als oberster Herrscher unumstößlich. Bald beansprucht der vom bettelarmen Bauernsohn zum Diktator aufgestiegene, frühere Guerilla-Kämpfer sogar den Titel des »Großen Führers« für sich, dem das Volk unentwegt die Treue zum Regime zu bekunden hat.

Um dies sicherzustellen, muss jeder überwacht werden, selbst Angehörige höherer Partei- und Armeeränge. Alle Telefongespräche werden abgehört, Radio- und Fernsehgeräte werden plombiert, sodass nur staatliche Sender empfangen werden können. Welche Personen in welcher Stadt leben bzw. in welche Stadt sie reisen dürfen, unterliegt der strikten Kontrolle der Partei.

Die scharfe Brise der Repression beginnt allmählich aus Nordkorea bis in die ferne DDR zu wehen. Kim Jong Ryul hat bereits einige ruhige Jahre in Dresden hinter sich, als die Vorgabe kommt: Die rund 550 nordkoreanischen Studenten im Land haben sich zwei Wochen während der Sommerferien zu einer Schulung in Potsdam einzufinden. Dort wird auf Kommando eines Sondersekretärs früh aufgestanden, Gymnastik gemacht und vor allem in stundenlangen Sitzungen jedes Wort aufgeschrieben, das der eigens aus Pjöngjang entsandte Parteikader vorträgt: Über die großartigen Leistungen Kim Il Sungs, über die Weisheit seiner Staatsführung, über die Erfolge der kommunistischen Partei, über die einzigartigen Errungenschaften der speziell in Nordkorea entwickelten Juche-Ideologie – einer Mischung aus spezifisch koreanischem Kommunismus, Nationalismus und dem Wunsch nach größtmöglicher Abgrenzung nach außen.

Kim Il Sungs Schriften über sein Leben, seine heroischen Kämpfe und seine »Wohltaten« sind auswendig zu lernen. Tag für Tag muss das Gehörte und Gelesene bis auf jeden Nebensatz genau gepaukt werden. Wer durch Faulheit oder Unbotmäßigkeit auffällt, riskiert sofort nach Nordkorea zurückgeschickt zu werden. Kim Jong Ryul spürt, dass der Wind der Freiheit abebbt. Er lernt über den Großen Führer Kim Il Sung, was ihm vorgegeben wird, obwohl es ihn tödlich langweilt. Er diskutiert in endlos langen Gruppensitzungen mit, unterwirft sich der geforderten Selbstkritik, kritisiert wie gefordert seine Kollegen. Jeden Tag werden diese Studenten-Tribunale abgehalten, nichts zu kritisieren wird als Affront gewertet, das Allerschlimmste, was man sich überhaupt zuschulden kommen lassen kann.

Und dennoch hält der stets sachlich bleibende Maschinenbau-Student Kim Jong Ryul seine aufkommenden Zweifel, dass die ganzen zwei Wochen nichts anderes als »Gehirnwäsche« seien, mit dem Argument in Zaum: »Das muss eben sein.« Wie alle anderen Studenten auch, behält er seinen Unmut für sich. Ein unvorsichtiges Wort, eine falsche Geste – die unweigerlich als Kritik an Kim Il Sungs großer Weisheit und damit als Verrat ausgelegt würde – wäre das Ende von Ryuls Karriere in Nordkorea, noch bevor sie begonnen hat. Schlimmer noch, Arbeitslager oder Gefängnis für ihn und seine gesamte Familie wären die Folge. Also lassen die nordkoreanischen Studenten in Potsdam die quälend langen Litaneien über Kim Il Sungs Herrlichkeit widerstandslos über sich ergehen. Niemals reden sie untereinander über ihre Zweifel, nicht in Potsdam und auch nicht später. Sorgsam aber versuchen die meisten auch, sich bei der obligatorisch verlangten Kritik an den Kollegen möglichst keine Feinde zu machen. Die »Kim-Lobeslied-Seminare« für die Studenten werden sich von nun an jeden Sommer wiederholen. Ab Ende der 1950er-Jahre sind die im Ausland studierenden Nordkoreaner auch verpflichtet, sich an ihrem Studienort einmal wöchentlich einer von einem Parteifunktionär überwachten Sitzung samt Selbstkritik zu unterziehen.

Sein klares Ziel, den Studienabschluss, vor Augen lässt Kim Jong Ryul den zunehmend harten Griff der nordkoreanischen Führung widerspruchslos über sich ergehen. Für ein paar Bedenken und Zweifel will der 27-Jährige nicht, dass sieben Jahre unermüdlichen Lernens umsonst gewesen sind, zumal er unmittelbar vor seinem großen, persönlichen Triumph steht: Seine Diplomarbeit über Hochdruck-Dampfturbinen wurde angenommen, die abschließenden Prüfungen seines Studiums hat der ehrgeizige junge Nordkoreaner mit überwiegend sehr guten Beurteilungen abgeschlossen. Er wartet nur noch, überglücklich und von jedem Druck befreit, auf seine Diplomzeugnisse, um dann nach Pjöngjang zurückzukehren.

Am Morgen eines heißen Julitages des Jahres 1962, als »Emil« beim Frühstück in der Mensa des Studentenwohnheims sitzt, stürzen plötzlich einige nordkoreanische Funktionäre in die Halle und schreien:»Alle sofort aufstehen, in die Zimmer und das Notwendigste packen. Wir reisen sofort ab!« Jong Ryul zögert noch, vollkommen überrascht und unwillig, doch rüde wird er zur Eile angetrieben.»Schnell, schnell«, heißt es nur, Erklärungen werden keine abgegeben, nur Befehle: Alle Studenten fliegen – noch heute, Ausnahmen gäbe es keine. Schweres Gepäck müssten die Studenten nicht mitnehmen, bekommen sie zu hören, schließlich seien sie ohnehin bald wieder zurück. Die Eile, mit der die treuen Parteidiener die Studenten fast direkt vom Frühstückstisch in die bereitstehenden Busse und von dort zum Flughafen hetzen, hat ihren Grund: Kein Student soll Zeit bekommen, darüber nachzudenken, zu fliehen.

Für Jong Ryul ist die Möglichkeit, sich im Chaos blitzartig abzusetzen, keine Option. Ohne sich seine Wut anmerken zu lassen, folgt er den bellenden Funktionären, setzt sich in den Bus und ins Flugzeug in Richtung Moskau-Pjöngjang. Um mit einem Schlag alle nordkoreanischen Studenten aus der DDR zu holen, müssen mehrere Flugzeuge organisiert werden. Drinnen herrscht Stille. Nur gelegentliches Schluchzen ist zu hören, doch niemand begehrt auf, niemand schreit, niemand verlangt Erklärungen, warum alles liegen und stehen gelassen werden muss. Auch Jong Ryul redet nicht, er steht unter Schock. Wie ein Blitz aus heiterem Himmel fährt die Maßnahme auf den Musterstudenten nieder. Er, der sich nie etwas zuschulden hat kommen lassen, der sieben Jahre lang nur

Hungernde Kinder während des Koreakriegs (1950–1953).

Diktator Kim ll Sung mit seinem Sohn und Nachfolger Kim Jong ll
auf einem Huldigungsbild.

Die nordkoreanische Hauptstadt Pjöngjang mit dem 330 m hohen Turm des sich seit 1992 im Bau befindlichen Ryugyong-Hotels.

Das jährlich stattfindende Arirang-Festival ist die größte choreografi
lichung des nordkoreanisc

assenveranstaltung der Welt. Die Aufführungen dienen der Verherr-
ktators Kim Il Sung.

Die Statue des 1994 verstorbenen Diktators Kim Il Sung im Zentrum der Hauptstadt Pjöngjang ist eine zentrale »Pilgerstätte« für die Staatsbürger der letzten, rigide von der Außenwelt abgeschotteten kommunistischen »Volksrepublik«.

Die militärische Stärke Nordkoreas wird durch unzählige Paraden und Aufmärsche demonstriert. Hier bei einer Feier 2008 zur 60. Wiederkehr der Gründung Nordkoreas.

Übersichtskarte Nordkorea.

studiert und gelernt hat, der sich nicht einmal auf eine Liebelei eingelassen hat, um nicht die Gebote der Partei zu verletzen, der sich selbst als »rot und revolutionär« sieht, Partei und Land treu dient, der nie eine Sekunde daran gedacht hat, in den Westen zu fliehen. »Ich, der ich immer alles richtig gemacht habe«, tobt es im Inneren des jungen Mannes, »Warum ich?«. Je verzweifelter er wird, desto mehr klammert er sich an die Hoffnung, dass man bald wieder in die DDR zurückkehren werde.

Doch sobald die Studenten in Pjöngjang landen, ist es offensichtlich: Eine Rückkehr wird es nicht geben. Alle nordkoreanischen Studenten wurden zeitgleich aus allen sozialistischen »Bruderländern« heimbeordert und in Pjöngjang sofort auf mehrere große Hotels verteilt, wo sie sich kollektiv mit einem der gefährlichsten Vorwürfe auseinanderzusetzen haben: Revisionismus. 40 Tage lang wird den Studenten, die im Ausland mit dem »Virus des Revisionismus« verseucht worden sein könnten, von früh bis spät »der Kopf gewaschen«. Wieder heißt es: Kritik, Selbstkritik, Lobpreisungen für die Errungenschaften Kim Il Sungs, lautstarkes Verdammen des Revisionismus, wie ihn Stalins in Nordkorea verhasster Nachfolger Chruschtschow betreibt. Zur Läuterung werden die Studenten auf Nordkoreas »heiligen Berg«, den Paektu San getrieben. Tagelang muss marschiert werden, zu essen gibt es grausam wenig. Wieder zurück in Pjöngjang werden Hunderte Studenten ausgesiebt und bestraft – für schlechte Noten während des Studiums, für verbotene Liebesaffären, für mangelnden Enthusiasmus für die Partei. Mit der Gewissheit, dass man ihm keine Fehler vorwerfen könne, lässt Kim Jong Ryul die Prozedur über sich ergehen, doch mit wachsender Irritation sieht er, wie einige seiner klügsten Kollegen, die jahrelang hervorragend gelernt haben, zur Zwangsarbeit in Kohlebergwerken verdammt werden. Nie würde Jong Ryul auch nur ein Wort zu sagen wagen, doch innerlich ahnt der Zwangsheimberufene: Ein System, das hochintelligente junge Menschen nicht nutzt, sondern sie in Arbeitslagern

»verschwendet«, aus dem die meisten nicht mehr lebend herauskommen werden, so ein System schadet sich selbst.

Wo seine geliebten Bücher gelandet sind, die mühsam zusammengesparten Duden und Lexika, die Fachbücher und Romane, wird Jong Ryul nie erfahren. Wütend, aber auch erleichtert, dass die 40-tägige »Kopfwäsche« ihn weitgehend unbehelligt ließ, ist er nur froh, endlich arbeiten zu dürfen. Sein Auftrag führt den jungen Maschinenbauer ins Chemie-Kombinat Rjong Song in der Industriestadt Hamhung, etwa 300 Kilometer nordöstlich von Pjöngjang.

5
Aufstieg

김 정 룰

Drei Tage lang feiert die Familie Kim Jong Ryuls die Heimkehr des Sohnes aus der Fremde. Alle sind sie da, der stolze Vater Kim Sin Gyu, geschwächt von einer Tuberkuloseerkrankung, die ihn zur Genesung von Pjöngjang in das Heimatdorf Hijong gezwungen hat. Die überglückliche Mutter Rim Tae Suk. Selbst seine Schwester Hwa Sil und ihr Mann durften mit Erlaubnis der lokalen Parteibehörde, wie man sie für alle Fahrten im Land benötigt, aus dem äußersten Norden des Landes anreisen. Beim Anblick seiner 24-jährigen Schwester erschrickt Jong Ryul: Blass sieht sie aus, ihre Haut durchscheinend wie Papier und sehr, sehr mager. Kein Wort der Klage kommt ihr über die Lippen, aber ihr älterer Bruder weiß auch ohne Erklärungen, warum seine einzige Schwester so zerbrechlich wirkt.

Seit Jahren arbeitet die junge Frau in einer Kalaschnikow-Fabrik im äußersten Norden der Volksrepublik. Gefertigt werden die Waffen in einer riesigen unterirdischen Halle. Die Kälte des Tunnels kriecht der jungen Frau in die Knochen, abends, wenn sie wieder nach oben kommt, ist die Sonne meist nicht mehr zu sehen. Die Versorgungslage in der Region ist schlecht. Zu essen gibt es umso weniger und von umso geringerer Qualität, je größer die Distanz zur Hauptstadt wird.

Wie fast alle Waffenschmieden im Land hat Diktator Kim Il Sung die Produktion in Tunnels verlegen lassen, von denen einige schon während der japanischen Besatzung gegraben wurden. Seither wurden noch Tausende weitere ausgehoben – mit den verschiedensten Funktionen: Als Schutzbunker, zumal Staatsgründer Kim Il Sung von der Idee nahezu besessen ist, Nordkorea könnte erneut von den »imperialistischen Teufeln« USA und Japan angegriffen werden. Als unterirdische Produktionsstätten für Waffen, sogar ganze Panzer werden unter Tage gebaut. Und nicht zuletzt als Wohnraum: Dutzende unterirdische Villen ließ die Familie des »Großen Führers« verstreut über das ganze Land bauen, doch niemand in Hijong weiß Genaueres und hütet sich überdies, so gefährliche Dinge anzusprechen. Menschen sind schon für weitaus weniger bedeutsame Bemerkungen in Arbeitslager geschickt worden. Außerdem gilt es zu feiern, dass Jong Ryul wieder zurück ist, mit Erfahrungen und Kenntnissen, wie sie seine Familie, seine Nachbarn, das ganze Dorf nicht einmal erahnen können. Doch kaum einer der vielen Besucher fragt ihn:»Wie war es? Was hast du erlebt?«. Zu fragen oder zu erzählen, was über das Alltägliche hinausgeht, kann mit den schlimmsten Strafen enden, das haben die Menschen nach fast zwei Jahrzehnten Kommunismus im Land bereits leidvoll erfahren müssen. Jedes Wort der Bewunderung für den im Verhältnis zu Nordkorea relativ großen Wohlstand in der DDR könnte, wie Jong Ryul wohl weiß, in eine falsche Kehle kommen und von irgendjemandem als indirekte Kritik an den Verhältnissen in der Demokratischen Volksrepublik Nordkorea gedeutet werden. Also feiern Familie Kim und ihre Gäste lieber, singen und tanzen und genießen ein Festmahl, wie sie es schon Jahre nicht mehr hatten: Eigens für die Heimkehr ihres Ältesten hat Tae Suk einen Hund gekauft und gemästet. Als Jong Ryul nach sieben Jahren endlich wieder vor der Türe steht, schlachtet sie das 18 Kilogramm schwere Tier und kocht es stundenlang mit im Wald gesammelten Kräutern. Nach Wochen und Monaten ohne Fleisch genießen die Feiernden die seltene Spezialität, der Reiswein tut sein Übriges, alle Feiernden sind ausgelassen und froh und kräftig betrunken.

Nur Jong Ryul, in den seine Familie große Hoffnungen setzt und von dem im Sinne der konfuzianischen Tradition erwartet wird, dass er die Familie stützt, quälen bittere Gedanken. Um wie viel mehr hätte er seine Heimkehr genießen können, wenn sie nicht so überstürzt und vom Vorwurf des »Revisionismus« überschattet gewesen wäre? Wenn die Partei ihn nicht in einen Topf mit ein paar Abweichlern geworfen und seine persönlichen Leistungen somit derartig entwertet hätte? Die tief verborgene Wut über ein System, in dem der Einzelne nichts gilt – auch wenn er, wie Jong

Ryul meint, »immer alles richtig macht« –, sondern sein ganzes Leben und Denken einem verordneten Ziel, und sei es noch so ungerecht, absurd oder grausam zu opfern hat, wird Kim Jong Ryul nie mehr verlassen. Ärger und Enttäuschung nagen an ihm, auch wenn er nie auch nur einen Hauch seiner Gefühle zeigt und fest entschlossen ist, jetzt endlich sein in der DDR erworbenes Wissen anzuwenden.

Seine Verbitterung legt sich erst ein wenig, als er grünes Licht erhält, im Kombinat Rjong Song zu arbeiten. Insgeheim hat er gehofft, dorthin entsandt zu werden. Die einst von den japanischen Besatzern gegründete Fabrik, 15 Kilometer von Nordkoreas zweitgrößter Stadt Hamhung entfernt, umfasst mittlerweile eine Reederei, einen Hafen, eine Chemie- und eine Maschinenfabrik. Allein die Abteilung Maschinenbau beschäftigt 10.000 Menschen, darunter 650 Ingenieure. Worauf der Strömungsmaschinen-Konstrukteur Kim Jong Ryul während der vergangenen Monate hingearbeitet hat, wird nun sein tägliches Arbeitsfeld: Turbinen bauen und Gebläse reparieren. Meist sind Letztere noch japanischer Herkunft und von so guter Qualität, dass es den nordkoreanischen Ingenieuren nicht gelingt, sie auf demselben Niveau zu kopieren. Gefertigt werden in Rjong Song aber nicht nur Strömungsmaschinen, sondern auch Waffen: Zwölf Meter lange Kanonenrohre werden produziert, sie feuern Granaten mit einem Durchmesser von 136 Millimetern bis zu 150 Kilometer weit.

Die militärische Produktion zu drosseln und stattdessen die industrielle Qualität und Quantität zu forcieren kommt für die nordkoreanische Führung nicht infrage. Pjöngjang sieht sich seit dem Ende des Koreakrieges vor die Alternative gestellt: Militärische Sicherheit oder Wirtschaftswachstum – und entscheidet sich mit allen Konsequenzen für Ersteres. Zumal auch die Beziehungen mit den beiden großen sozialistischen Bruderländern UdSSR und China seit einigen Jahren erheblich komplizierter werden. Die

Freundschaft der Führung in Pjöngjang zu Moskau, wo Staats- und Parteichef Chruschtschow sich mehr und mehr von der Politik Stalins distanziert, kühlt merklich ab. Als dieser gar 1962 während der Kuba-Krise im Kräftemessen mit Washington nachgibt und so einen möglichen Dritten Weltkrieg vermeidet, rückt Nordkorea demonstrativ von der UdSSR ab. Im Zweifelsfall, ist man sich in Pjöngjangs Machtzentrum sicher, hält sich Nordkorea in Fragen von Verteidigungsbündnissen lieber an China als an die UdSSR. Letztlich waren es Pekings Soldaten, die Nordkorea während des Koreakrieges vor einer Niederlage durch die Amerikaner bewahrt haben, und nicht die Unterstützung Moskaus.

Die UdSSR reagiert auf die Zurückweisung Nordkoreas sofort: Wichtige Hilfsprojekte werden eingestellt, auch mit Moskau eng verbündete Länder reduzieren ihre Unterstützung.

Langfristig bedeutet diese Wende für die Wirtschaft Nordkoreas einen schweren Schlag. Anfang der 1960er-Jahre, nicht einmal zehn Jahre nach Ende des verheerenden Krieges, liegt die Pro-Kopf-Wirtschaftsleistung des kommunistischen Koreas knapp über jener Südkoreas. 140 Dollar pro Kopf und Jahr beträgt das Bruttoinlandsprodukt (BIP) im Norden, nur 100 Dollar hingegen im Süden. Doch vom Augenblick an, an dem die Sowjetunion ihre massive Hilfe für die Volksrepublik Nordkorea auf ein Minimum herunterschraubt, dreht sich die Lage. Der Süden beginnt aufzuholen und steigert seine Industrieproduktion massiv, während für den Norden die Waffenproduktion und Sicherheitsfragen Vorrang vor allen anderen wirtschaftlichen Belangen haben.

Die Produktion von Lebensmitteln spielt angesichts dieser Prioritäten nur eine zweitrangige Rolle, die allen anderen Anforderungen untergeordnet wird. Deshalb wird für das Härten der Kanonenrohre in der Fabrik Rjong Song auch mit der größten Selbstverständlichkeit die Verwendung von Sojabohnenöl angeordnet, obwohl es an dem Öl in fast allen Haushalten mangelt. Arbeiter im Kombinat sind immer wieder dazu verleitet, das wertvolle Speiseöl zu stehlen. Die Fabrikleitung entscheidet daraufhin, dem Sojabohnenöl Gift beizumischen, damit keiner der Arbeiter mehr in Versuchung kommt.

Auch in Kim Jong Ryuls karger Unterkunft herrscht wie bei fast allen anderen Bewohnern der Großstadt Hamhung ständiger Mangel an Zucker und Öl, doch sich darüber zu beschweren wagt niemand. Kritik an den Lebensumständen ist gleichbedeutend mit Kritik an der Partei, was gemeinhin, wie alle wissen, mit Arbeitslager bestraft wird. Deshalb kommt es einer höchst riskanten Weigerung gleich, als der nahezu ununterbrochen arbeitende, ehrgeizige junge Ingenieur es ablehnt, zum technischen Direktor der Maschinenfabrik in Rjong Song befördert zu werden. Wie in fast allen Kombinaten und großen Arbeitsbereichen gibt es in Nordkorea ein duales Machtsystem: Dem technischen Direktor steht ein Parteisekretär zur Seite, wobei die Entscheidungsgewalt letztlich immer beim Parteikader liegt.

Der lokale Parteisekretär hält Kim Jong Ryul, der sich nach Jahren in der Fabrik zu einem engen Freund entwickelt hat, für fähig, die Direktion zu übernehmen. Doch der bisher so verbissen zum Aufstieg entschlossene junge Mann wehrt sich mit Händen und Füßen: Nein, ein eigenes Auto braucht er nicht, den angebotenen dreifachen Lohn will er nicht. »Ich habe nicht studiert, damit ich in einem Verwaltungsjob ersticke«, bekommt der überraschte Parteisekretär zu hören und lässt dies einzig und allein gelten, weil ihm Kim Jong Ryul ans Herz gewachsen ist. Andere Ingenieure hätten diese Entscheidung widerspruchslos akzeptieren müssen. »Du bist ein sonderbarer Mensch«, lacht der Kader kopfschüttelnd, »was willst du denn?«. – »Meine technischen Fähigkeiten entfalten, und nur das«, erklärt Jong Ryul.

Die Begeisterung, mit der er in seiner Arbeit aufgeht, hält ihn auch davon ab, ans Heiraten zu denken. Er wolle sich nicht ablenken lassen, stemmt er sich vor allem gegen seine Mutter, die ihren

Ältesten ungeduldig zur Gründung einer Familie drängt. Normalerweise wäre ein junger Mann im Alter von knapp 30 Jahren in Nordkorea längst verheiratet. Die Eltern würden für ihren Sohn eine geeignete Frau finden und dieser würde sich widerspruchslos fügen, im vollen Vertrauen, dass seine Eltern die bestmögliche Wahl treffen. Nicht so Jong Ryul. Entschieden wehrt er sich gegen die Eheanbahnungsversuche seiner drängenden Mutter und willigt schließlich nur unter einer einzigen Bedingung ein, überhaupt zu heiraten: Seine Frau sucht er sich selbst aus.

Hübsche junge Frauen gäbe es genug, die auf den intelligenten attraktiven jungen Mann ein Auge geworfen hätten. Doch Liebschaften und Tändeleien erachtet der stets ein wenig streng wirkende Ingenieur als reine Zeitverschwendung. Wenn eine Heirat überhaupt sein muss, überlegt er, ohne einen Gedanken an Romantik oder Liebe zu verschwenden, darf sie seine Karriere nicht behindern. Im Gegenteil, Aufgabe der richtigen Frau an seiner Seite sollte es sein, seinen geplanten Aufstieg zu unterstützen und mitzutragen.

Hyon Gil Nam ist die Richtige. Alle Kriterien, die Jong Ryul an eine künftige Frau stellt, erfüllt die junge Medizinstudentin: Als Cousine eines befreundeten Abteilungsleiters in Rjong Song kommt sie aus einer passenden, also »roten« Familie. Hätte die gesamte Sippe der Hyon nicht »tadelloses, revolutionäres« Blut vorzuweisen, wären sie nicht allesamt Kommunisten der ersten Stunde gewesen, würde Jong Ryul sie nicht einmal ansehen. Eine Ehefrau mit zweifelhaftem Familienhintergrund, weiß der junge Techniker, macht in der Volksrepublik alle Karrierewünsche zunichte. Niemand kann aufsteigen, in dessen Verwandtschaft sich subversive Elemente, Verräter oder auch nur zu wenig begeisterte Anhänger von Staats- und Parteichef Kim Il Sung befinden. Doch die für nordkoreanische Verhältnisse groß gewachsene, schlanke Gil Nam entstammt nicht nur einer über alle Zweifel erhabenen systemtreuen Familie, sie hat auch jede Menge Geschwister – womit für ihre künftige Schwiegerfamilie Kim wiederum bewiesen ist, dass Nachkommen gezeugt werden können.

Drei kurze Treffen zwischen der Studentin und dem fünf Jahre älteren Ingenieur genügen: Im April 1965 heiraten Hyon Gil Nam und Kim Jong Ryul. Eine Einwilligung der Partei, wie sonst bei Hochzeiten üblich, muss das junge Paar erst gar nicht einholen, es hat ohnehin alles seine Richtigkeit bei dieser Verbindung von Kindern linientreuer kommunistischer Familien, deren Aufstieg in höhere Kader vorprogrammiert scheint. Was Jong Ryul von seiner jungen Frau verlangt, geschieht widerspruchslos: Die junge Ehefrau gibt ihr Medizinstudium sofort auf und lässt sich zur Heilkräuterspezialistin ausbilden. Zehn Monate nach der Hochzeit wird ihr Sohn Ryong Chol geboren. Ihren wichtigsten Zweck, die Geburt eines Kindes, hat die Ehe somit bald erfüllt. Tiefe Gefühle, die zwei Partner im Laufe der Jahre zusammenwachsen lassen, entwickeln sich zwischen und Gil Nam hingegen kaum. Der Techniker weiß um seine familiären Verpflichtungen und um seine Verantwortung als Ehemann, doch »Liebe« oder anderen überbordenden Emotionen kann er nichts abgewinnen.

Als Ehemann und Vater erhält Jong Ryul nach Jahren im Männerwohnheim das Recht, mit seiner Familie in ein kleines Lehmhaus zu ziehen. Ihre Unterkunft ist karg, doch sie beklagen sich nicht. Immerhin stehen ihnen mehr Reis und mehr Lohn zu als anderen Familien. Doch wie alle anderen kämpfen auch das junge Ehepaar und ihr kleiner Sohn gegen die beißende Kälte der nordkoreanischen Winter. Heizungen gibt es in den vom Staat zur Verfügung gestellten Häusern nicht, also baut sich Jong Ryul selber, so wie alle anderen auch, einen Ofen, dessen heißer Rauch über ein Leitungsnetz unter dem Fußboden hindurch geleitet wird. Auch für das Brennmaterial hat die Familie selbst zu sorgen. Weil es nie genug Steinkohle gibt, müssen alle Familien ihre Kohle mit Lehm mischen, zu Briketts kneten und anschließend wochenlang in der Sonne trocknen lassen, bis das Heizmaterial steinhart ist. Die mühselige und harte Arbeit verschlingt jede freie Minute Jong Ryuls. Jeden Sonntag verbringt er damit, das Brennmaterial zu kneten. Denn wer nicht genug »Lochkohle« besitzt, kann nicht heizen und nicht kochen. Und wehe dem, der vergisst, die Briketts rechtzeitig ins Haus zu schaffen, wenn der Regen kommt. Dann zerrinnt die Arbeit vieler Stunden in eine schwarze, klebrige Masse Dreck. Das gesamte Brennmaterial ist für die kommenden Tage unbrauchbar. Und auf die Bereitschaft, von den Nachbarn Kohle zu bekommen, kann niemand hoffen.

Heimlich flucht Jong Ryul über die »Steinzeit«, in der er lebt. Vom Studium in Europa zurück war er sich sicher, all die Härten seiner Jugend für immer hinter sich gelassen zu haben: Frieren in eiskalten Wohnungen, Heizmaterial suchen, nie genug Lebensmittel besitzen. Doch die Erinnerungen daran, wie unvergleichlich höher sein Lebensstandard in der DDR war, verbittet er sich kategorisch. Trüben Gedanken nachzuhängen hilft Jong Ryul nicht weiter, sie gar auszusprechen, und sei es auch nur gegenüber seiner Frau, wäre lebensgefährlich.

Zeit zum Grübeln gibt es ohnehin keine: Neben seiner Arbeit im Kombinat gilt es für den Techniker einmal pro Woche verpflichtend eine Militärübung zu absolvieren, obgleich Jong Ryul kein Armeemitglied ist. Er hat, wie alle anderen Nordkoreaner auch, zu lernen sich zu verteidigen, zu schießen und Granaten zu werfen – gegen die vermeintliche Bedrohung von außen. Es ist, als läge die Gefahr eines feindlichen Angriffs ständig in der Luft, die permanente Kriegsangst und Anspannung hält die Menschen in Atem.

Einmal pro Monat steht für Jong Ryul wie für alle Ingenieure und höheren Angestellten in Rjong Song ein Nachtmarsch auf dem Programm. Mit 20 Kilo Gepäck auf dem Rücken und einem Gewehr in der Hand heißt es 40 Kilometer gehen. Abmarsch ist immer an einem Samstag um 16 Uhr. Gegen drei oder vier Uhr morgens hat Jong Ryul sein Ziel erreicht, Beine und Rücken schmerzen so sehr, dass der erschöpfte Mann auch in den folgenden Stunden nicht mehr schlafen kann. Doch die staatliche Propaganda lässt keine Zweifel daran, dass nur »abgehärtete« Genossen als wertvolle Mitglieder der Gesellschaft gelten, diejenigen, die sich im Kriegsfall stählern, diszipliniert und ohne ein Wort des Zauderns auf den Feind stürzen.

Schießübungen, militärisches Training, Gewerkschaftsabende, Berichte verfassen und von der Partei verordnete Selbstkritik – was zu Gebote steht, führt Kim Jong Ryul aus, doch all die Anstrengungen haben nur den Charakter notwendiger Pflichterfüllung, solange ihm das Wichtigste verwehrt bleibt: die Mitgliedschaft in der Partei. Jahrelang hat die »Partei der Arbeit Koreas« – gleichbedeutend mit der kommunistischen Partei – keine neuen Mitglieder aufgenommen, während Tausende Nordkoreaner, darunter Kim Jong Ryul, vergebens darauf gehofft haben, in den elitären Kreis der Partei eintreten zu dürfen. Parteimitglied zu sein eröffnet alle Chancen für den weiteren beruflichen Aufstieg, der Partei nicht anzugehören versperrt letztlich alle Wege nach oben. Als dem 33-Jährigen schließlich signalisiert wird, dass er für die Mitgliedschaft ansuchen darf, beginnt seine einjährige Kandidatenzeit: Er hat die Parteiverfassung und die wichtigsten Schriften von Präsident Kim Il Sung auswendig zu lernen, muss sich bei wöchentlichen Parteizellenversammlungen einfinden und hat dort »vorbildliches Verhalten« an den Tag zu legen. Ein Jahr lang darf sich der Parteiaspirant nicht den allerkleinsten Fehler leisten.

Am 12. September 1969 ist es schließlich so weit. »Mein zweiter Geburtstag«, lässt sich Jong Ryul von seiner begeisterten Familie feiern, »diesen Tag vergesse ich nie«. Seine Parteibuchnummer 2369652 wird in sein kleines rotes Parteibuch eingetragen. Dieses Buch, lautet die Vorgabe, muss das neue Parteimitglied von nun an immer bei sich tragen: bei der Arbeit, zu Hause, bei der Parteizellenversammlung, in der Wohnung. »Selbst beim Schlafen sollst du es in der Hand halten«, heißt das Gebot. Zu jeder Zeit und an jedem Ort hat das Büchlein gezückt zu werden, wenn sein Besitzer von Polizisten oder Parteivertretern kontrolliert wird.

Dieses kleine rote Parteibuch, für jeden Nordkoreaner wichtiger als alles Geld, das er besitzt, ist die Versicherung, dass der ehrgeizige junge Techniker seinen Weg nach oben fortsetzen kann. Doch Freude oder das Gefühl eines Triumphes, einen wichtigen Schritt geschafft zu haben, will sich bei Jong Ryul nicht einstellen. »Es musste sein«, hakt er den Parteieintritt nüchtern ab – ebenso wie die Tatsache, dass er nun auch der Armee beitreten muss. Denn nur wer Partei und Armee angehört, dem steht in der Demokratischen Volksrepublik Korea der Weg nach ganz oben offen.

Die Enttäuschung folgt für den ehrgeizigen neuen Offizier auf dem Fuß: Statt der erhofften vier Sterne bekommt er nur drei, er erhält den Rang eines Oberstleutnants. Er begehrt auf: »Selbst 20-Jährige tragen drei Sterne.« Seine Kritik wird abgewiesen: Schließlich habe Kim Jong Ryul zuvor nicht in der Armee gedient, wie es für die gesamte Bevölkerung Pflicht ist. Bis zu zehn Jahren, im Grunde ihre gesamte Jugend, verbringen Nordkoreas junge Männer und Frauen beim Militär – während Jong Ryul sein Studium im Ausland absolvierte und nie seinen Grundwehrdienst leisten musste.

Tagelang weigert sich das neue Armeemitglied Kim Jong Ryul, die Uniform anzuziehen. Erst als es unumgänglich wird, trägt er sie, mit den schändlichen drei Sternen, anhand derer jeder erkennt, welch niedrigem Rang er angehört. Jong Ryul vermeint sie alle zu hören, die höhnischen Lacher hinter seinem Rücken, wenn er zu seinem Arbeitsplatz geht: »Der hat ja nur drei Sterne.« Mag er zu den besten Kräften des riesigen Maschinenwerks gehören, in der DDR studiert und die allererste 650 Kilowatt starke Turbine Nordkoreas konstruiert haben – in der Wertigkeit der militaristisch organisierten Gesellschaft des Landes gilt einer wenig, der nur drei Sterne auf der Uniform trägt. Erst einige Jahre später wird Kim Jong Ryul auf jenen militärischen Rang befördert, der ihm seiner Meinung nach zusteht: zum Oberst der nordkoreanischen Armee. Gleichzeitig wird er zum technischen Vize-Direktor seiner Abteilung ernannt, womit ihm als besonderes Privileg ein eigenes kleines Büro zur Verfügung steht. Auch die quälenden Nachtwachen, die er bisher zwei Mal pro Monat neben seiner herkömmlichen Arbeit zu absolvieren hatte, gehören damit der Vergangenheit an.

Die drei Offiziere des Armee-Hauptquartiers in Pjöngjang, die in den Spätherbsttagen 1969 ins Kombinat Rjong Song gereist sind, sehen hingegen über Jong Ryuls anfangs kümmerliche militärische Meriten hinweg. Sie suchen Spitzen-Konstrukteure, die überdies Mitglieder der Partei sein müssen. Jong Ryul, soeben in den Kreis der Partei aufgenommen, wird neben zwei anderen Ingenieuren ausgewählt und erhält den Befehl, sich unverzüglich zur Ausführung eines geheimen Auftrages in die Hauptstadt Pjöngjang zu begeben.

Dort wartet »Projekt 63« auf die Umsetzung durch insgesamt 18 der aus dem ganzen Land zusammengeholten besten Ingenieure des Landes. Es gilt strengste Verschwiegenheitspflicht: Die Familien der Techniker dürfen nichts erfahren, auch nicht nach Vollendung des Projektes. Die Ingenieure selbst sind ebenfalls angehalten, auch untereinander kein Wort über »Projekt 63« auszutauschen. Sein Auftrag führt Kim Jong Ryul 30 Kilometer nordöstlich von der Hauptstadt zu einem dicht bewaldeten Berg. Hier, Dutzende Meter tief in die Erde geschlagen, liegt die der Hauptstadt nächstliegende unterirdische Prunkvilla des Präsidenten. Hierher plant Präsident Kim Il Sung im Falle eines atomaren Angriffs zu flüchten, und hier haben deshalb Nordkoreas Spitzeningenieure ein Belüftungssperrventil einzubauen, das den Diktator vor potenzieller atomarer Verstrahlung schützt.

Nie zuvor hat Kim Jong Ryul eine derartige Pracht gesehen. In der unterirdischen Wohnanlage reiht sich Zimmer an Zimmer, eines prunkvoller als das andere. Kristallluster hängen von der Decke, Seidentapeten schmücken die Wände, teure Möbel aus aller Welt werden von Heerscharen an Bediensteten penibel von jedem Staubkorn gesäubert. Des Herrschers Köche tischen, obgleich der Hausherr nicht anwesend ist, den Ingenieuren Speisen auf, wie sie sie noch nie genossen haben: Köstlich, nahrhaft, fett und vor allem ausreichend. Jong Ryul ist überwältigt. Nach den vergangenen sieben Jahren, in denen es in seinem Haus nie genug Öl und Reis gab, in denen der ständige Hunger den Magen quälte, in denen ihn die Sorge um seinen schmächtigen, kleinen Sohn wach hielt, kann er sich endlich wieder einmal satt essen.

Doch in die Freude über den unverhofften Genuss mischen sich Zweifel, warum der Erste Mann im Staat derart protzig residieren muss. Denn so viel hat Jong Ryul bei aller Geheimhaltung doch erfahren: Der Diktator besitzt im ganzen Land Dutzende Villen, einige von ihnen auch unterirdisch. In zumindest zwei weiteren Höhlen-Wohnkomplexen werden ähnliche atomstrahlensichere Belüftungsanlagen eingebaut, wie sie Jong Ryul konstruiert. Monatelang arbeiten die Ingenieure am Auftrag für den »Großen Führer«, reisen zu den verschiedensten Stahlschmieden und Fabriken, um das beste Material aus dem ganzen Land zusammenzutragen. Überall öffnet ihnen das Zauberwort »Projekt 63« die Türen. Jede andere Produktion muss stehen- und liegengelassen werden, wenn die Sonder-Ingenieure kommen und für den geheimnisvollen Auftrag des Führers arbeiten. Niemals wird Kim Jong Ryul mit der Frage behelligt, was »Projekt 63« bedeutet. Und nie, nie würde er auch nur mit einer Silbe auf einen derartigen Affront antworten.

Hochrangige Parteikaderangehörige, die die Arbeiten kontrollieren und strengstens darüber wachen, dass kein Wort nach außen dringt, haben, nachdem feststeht, dass die Filteranlage funktioniert, für den rastlos werkenden Ingenieur Kim Jong Ryul bereits die nächste Aufgabe: »Finden Sie sich sofort in der Eskortwagenabteilung des Präsidenten ein!«

Wenig erfreut darüber, direkt vom Bunker in die Abteilung der Präsidenten-Eskorte beordert zu werden, versucht Jong Ryul vorsichtig abzuwehren: »Ich bin Maschinenbauer und kenne mich mit Autos nicht aus.« Sein Widerspruch wird nicht geduldet, zumal die Partei ihre Entscheidung längst getroffen hat. Als einer der wenigen Nordkoreaner, die Deutsch sprechen und noch dazu eine technische Ausbildung haben, soll Jong Ryul alle Service-, Reparatur- und Wartungshandbücher für die deutschen Luxuskarossen übersetzen, die sich Staats- und Parteichef Kim Il Sung seit Kurzem leistet.

Große, schwere Limousinen liebte der einstige Guerilla-Führer seit jeher. Mit sowjetischen Fahrzeugen ließ sich der Diktator durch die sonst nahezu autofreien Boulevards chauffieren, bis die Beziehungen zwischen Moskau und Pjöngjang abkühlten und der Diktator die Vorzüge von Luxusautos westlicher Provenienz schätzen lernte. Etwa 1000 Fahrzeuge zählt der Fuhrpark des Präsidenten Anfang 1970, als Kim Jong-Ryul zur Eskortabteilung stößt. Alles, was gut und teuer ist, reiht sich aneinander: Gepanzerte Mercedes 600, wie sie auch die Diktatoren Mao (China) und Tito (Jugoslawien) lieben, aber auch Luxusausgaben von Lincoln, Ford, Cadillac, Citroën und Hunderte weitere kleinere Typen von Mercedes-Fahrzeugen.

Für alle Mitarbeiter in der Präsidenten-Eskortabteilung ist der tägliche Widerspruch augenscheinlich. Die staatliche Propaganda geifert unermüdlich gegen »westliche Dekadenz und Imperialismus«, während der »Große Führer« in ein westdeutsches oder gar amerikanisches Luxusauto steigt. Auch Kim Jong Ryul kann sich des Eindrucks nicht erwehren, dass der Parteichef Wasser predigt, während er Wein trinkt. »Warum fährt er ausländische Autos, wenn er doch die ganze Zeit unsere nordkoreanischen Waren anpreist?« Nicht, dass es keine nordkoreanischen Autos gäbe: Pkws vom Typ Gäng Seng und Lkws der Marke Dokchon werden bereits seit 1946 gebaut. Die ursprünglich russischen Modelle wurden in nordkoreanischen Fabriken weiterentwickelt. »Wir könnten dem Großen Führer ein erstklassiges eigenes Auto bauen«, ist sich Kim Jong Ryul sicher, »aber er muss ausgerechnet ein kapitalistisches Auto fahren!«

Wohlweislich hütet sich der Maschinenbauer an dem Ort, wo Vermögen, Macht und Einfluss gebündelt sind, vor jeder unvorsichtigen Geste. Wer in der Abteilung Präsidentenschutz-Eskorte arbeitet, ist durch alle parteiinternen Prüfungen gegangen, gilt als absolut linientreu und verlässlich. Denn bei den 100.000 Mitarbeitern der riesigen Abteilung vom Rang eines Ministeriums und direkt dem Führer unterstellt, ruht die Verantwortung für das Wohl und Wehe der Diktatorenfamilie. Alle Mitarbeiter dieses sogenannten »Personenschutzministeriums« sind Mitglieder der Armee und tragen Uniform. Vom Pförtner bis zum 4-Sterne-General an der Spitze sichern sie die Straßen, Städte und Gebäude, wo Kim Il Sung hinfährt, pflegen seine Fahrzeuge, Villen und Gärten, halten ein eigens für den Präsidenten gebautes Sonderspital in Schuss, stellen Ärzte zur Verfügung, füllen seine Lagerhäuser mit den besten und teuersten Lebensmitteln und beauftragen Frauen, jedes Reiskorn einzeln zu prüfen, ehe es auf dem Teller des Präsidenten landet. Das Gewand des Staatschefs wird hier gefertigt, seine Fisch- und Viehzucht verwaltet und seine Begleitung ausgebildet: Nur die schönsten jungen Zugbegleiterinnen dürfen dem Staatschef Tee und Essen reichen, wenn er verreist. Zum Aufgabenbereich des »Hauptquartiers«, wie es auch genannt wird, zählen ferner die Betreuung von Staatsgästen sowie der weit weniger prestigeträchtige Bau von Tunneln und Brücken, Spitälern und dergleichen mehr.

Kim Jong Ryul wird in den Präsidenten-Fuhrpark beordert und arbeitet viele Nächte durch. Wenn der Präsident Änderungen an seinen Karossen wünscht, haben diese am nächsten Morgen vollendet zu sein. So etwa lässt er über Nacht ein Bett in seinen

Mercedes Pullman einbauen, ein anderes Mal urgiert er »absolut geräuschfreies Fahren«. Worauf seine Mechaniker und Kim Jong Ryul mit den deutschen Fahrzeugunterlagen in der Hand das Auto in Einzelteile zerlegen, alle sensiblen Teile mit Schaumgummi, Lederriemen und weichen Wollstoffen umwickeln und wieder zusammenbauen. Nur ein paar Wochen sichert diese Prozedur dem Diktator das gewünschte Fahrvergnügen, bis das Auto erneut zerlegt werden muss.

30 Kilometer vor der Stadt hat der Diktator einen weiteren Fuhrpark anlegen lassen. Die sogenannte »Evakuierungswerkstatt« befindet sich in einem Tunnel und dient dazu, auch im Fall eines feindlichen Angriffs genügend Autos zur Verfügung zu haben.

Anfang der 1970er-Jahre ist die Mercedes-Flotte des Führers auf mehrere Hundert Stück herangewachsen, ihre Wartung verlangt immer mehr Aufwand und immer höheres technisches Können. Eines Morgens erhält Kim Jong Ryul deshalb den Befehl seines Sektionschefs:»Sie kommen mit mir zum Flughafen.« Dort will sich der skeptische Vorgesetzte Jong Ryuls mit eigenen Ohren davon überzeugen, dass der ehemalige DDR-Student tatsächlich Deutsch spricht, wenn der deutsche Mechaniker Hans H. aus dem Flugzeug steigt. Der in Singapur lebende Spezialist soll die nordkoreanischen Techniker bei Servicearbeiten für die Mercedes-Flotte einschulen, Kim Jong Ryul dabei übersetzen. Elf Jahre sind vergangen, seit dieser sein bis dahin letztes Wort Deutsch gesprochen hat. Es wird nur ein paar Minuten dauern, bis der ehemalige Student seine Worte in der fremd gewordenen Sprache wiederfindet und sein Leben so in eine unerwartete Richtung führt: Täuschen, lügen und das Wesentliche verschweigen gehört von nun an zu seinem Berufsalltag.

Dies beginnt bereits mit der Wahl seiner Kleidung. Für die Dauer des mehrtägigen Besuches des deutschen Technikers trägt er Zivilkleidung – wie seine gesamte Abteilung. An die Mitarbeiter des Fuhrparks im Personenschutzministerium ist der Befehl gegangen, auf das Tragen der Uniform zu verzichten: Alle haben in Zivil zu erscheinen. Der Ausländer darf nicht wissen, dass er es mit einer Abteilung der Armee zu tun hat. Alles soll aussehen, als wäre er in eine »normale Firma« gerufen worden.

6
Goldene Zeiten

김 정 룔

Schnellen Schrittes steuert der schlanke asiatische Mann mittleren Alters auf die Passkontrolle im Flughafen Wien-Schwechat zu. Er hat nur sein Handgepäck bei sich, einen kleinen schwarzen Samsonite-Koffer. Freundlich lächelnd zeigt er dem österreichischen Beamten seine Papiere.

Mit einem nordkoreanischen Diplomatenpass ausgestattet muss Kim Jong Ryul sein Gepäck nicht öffnen. Kurz nickt er dem Uniformierten zu und gleitet problemlos durch die Kontrolle – mit 400.000 Dollar bar im Koffer. Im Auftrag des Finanzministeriums in Pjöngjang hätte Jong Ryul auch eine noch größere Summe nach Wien transportiert, doch mehr Hundert-Dollar-Scheine hatten in seinem kleinen Koffer nicht Platz.

Dass ihn die Polizei am Flughafen aufgreifen könnte, fürchtet der Gesandte Nordkoreas nicht. »Ich führe nur meinen Auftrag aus«, sagt er sich. Und überdies prüfen Österreichs Grenz- und Zollbeamte, so war ihm in Pjöngjang vor seiner Reise in den kapitalistischen Westen eingeschärft worden, längst nicht so streng wie etwa jene in der Bundesrepublik Deutschland oder in den kommunistischen Staaten Osteuropas. Während anderswo penible Kontrollen vorgenommen werden, gibt es in Wien eine gewisse Bereitschaft, bei der einen oder anderen Überprüfung die Dinge auch mal lockerer anzugehen.

Es ist ein Frühlingstag des Jahres 1974, die Welt ist in zwei feindliche Blöcke geteilt, und in der Pufferzone zwischen diesen ideologischen Konfrontationslinien genießen Diplomaten und noch viel mehr Agenten, die sich als Diplomaten getarnt in der Hauptstadt des neutralen Österreich tummeln, relativ große Handlungsfreiheit. Wenig Wunder also, dass die Wahl Nordkoreas für die Abwicklung sensibler Geschäfte mit dem westlichen Ausland meist auf den Standort Wien fällt. Ein weiterer Vorzug Österreichs, warum es für Nordkoreas Geschäftsinteressen attraktiv ist: das Bankgeheimnis. Alles in allem gibt es von den österreichischen Behörden in diesen Jahren des Kalten Krieges wenig zu befürchten. Von Pjöngjang aus hat man genau beobachtet: So lange keine besonders groben Gesetzesverstöße publik werden, sieht die Polizei in Österreich schon mal großzügig über das seltsame Gebaren diverser ausländischer »Diplomaten« hinweg.

Dreh- und Angelpunkt der Einkäufe, die von Österreich aus für das nordkoreanische Regime getätigt werden, ist die Botschaft im 14. Wiener Gemeindebezirk. Hier, in der denkmalgeschützten Villa einer ehemaligen ungarischen Prinzessin, in der abgeschiedenen Ruhe der Beckmanngasse, verbringt Kim Jong Ryul zusammen mit seinem Delegationsleiter Hwang Do Hyong seine ersten Tage in Wien. Die Eindrücke sind verwirrend. Anders als es der Bevölkerung von der pausenlosen nordkoreanischen Propaganda eingebläut wird, ist die kapitalistische Stadt sauber und glänzt mit Prunkbauten. In den Straßen sieht Kim Jong Ryul keine Bettler. Die Bedienung in Restaurants ist freundlich, in den Geschäften gibt es eine unvorstellbare Vielfalt an Waren. Lebensmittel, an denen in Nordkorea immer Mangel herrscht, scheinen in Wien unerschöpflich. Doch selbst als sich das Leben im Westen als ein anderes, weniger schreckliches und dekadentes herausstellt, als es Jong Ryul tagaus, tagein vermittelt worden war, enthält er sich jeden Kommentars. Auch in der nordkoreanischen Botschaft sind die Mauern dünn. Jeder Mitarbeiter kann ein Spitzel der Partei sein. Jeder Mann im mitgereisten Delegationsteam könnte theoretisch darauf angesetzt sein, auf das kleinste Vergehen der anderen zu lauern. Jeder wahrt seine Distanz, jeder fürchtet den anderen.

Selbst gegenüber Delegationsleiter Hwang wagt Ryul kein offenes Wort. Eine unvorsichtige Regung, und seine erste Reise ins westliche Ausland ist zu Ende, ehe sie richtig begonnen hat. Schlimmer noch, auf ihn und seine gesamte Familie würde ein Straflager in den unwirtlichen nordkoreanischen Bergen warten.

Für Hwang hingegen ist alles Routine: Von der »Korea Machinery General Company«, einer Tarnfirma, hinter der das Handelsministerium in Pjöngjang steht, erhielt er eine Liste an Waren, die von Wien aus zu besorgen sind. Wie schon bei allen vorangegangenen Einkaufstouren sucht er die bekannten österreichischen Zwischenhändler mit dem Auftrag auf, die teilweise »heißen Waren« zu besorgen. Mit den kleinen Handelsunternehmen, oft nur Ein- bis Zwei-Mann-Betriebe, die dank der Nordkorea-Geschäfte gutes Geld machen, gibt es so gut wie keine Probleme. Wissend, dass diese hauptsächlich Waren besorgen, die sie aufgrund geltender Embargo-Vorschriften nicht ins kommunistische Nordkorea liefern dürften, lassen sie sich ihren Gesetzesbruch fürstlich entlohnen. Bis zu 30 Prozent Mehrkosten werden auf Embargowaren draufgeschlagen. An interessierten Geschäftspartnern mangelt es den Nordkoreanern nicht: Die Firma G. in der Wiener Triesterstraße, T. in der Kärntnerstraße, C. in der Laudongasse, S. in Korneuburg.

Nur selten ist ein Auftrag der Herren aus Pjöngjang so verboten oder abstrus, dass er abgelehnt wird, wie etwa im Fall einer Bestellung, die in den Ohren des österreichischen Geschäftsmannes P. stark nach James Bond klang: Gewünscht wurde ein Rucksack mit Raketenantrieb, um im Bedarfsfall auch über hohe Mauern springen zu können. P. lehnt den Auftrag ab. Andere Order wie Messgeräte, die hinter Mauern die Herzfrequenz eines Menschen feststellen, ihn also in Verstecken aufspüren können, werden von österreichischen Zwischenhändlern hingegen ohne viel Zaudern erfüllt.

Bis die Liste der von Pjöngjang bestellten Güter abgehakt ist und die oft im Ausland organisierten Waren nach Österreich geliefert sind, können Monate vergehen. Auch diesmal sind nicht nur Labor- und medizinische Instrumente, Gas-Spürgeräte und Ähnliches zu besorgen, sondern auch Waren, die nicht legal aus dem neutralen Österreich nach Nordkorea exportiert werden dürfen: Metalldetektoren, Codier-Telefonanlagen und Schalldämpfer-Pistolen aus der Tschechoslowakei, spezielle Waffen aus der Schweiz,

Jagdgewehre, Fingerabdruck-Identifikationsgeräte – sowie ande-re Produkte, die im weitesten Sinne zur Unterdrückung der Bevöl-kerung Nordkoreas verwendet werden können. Weil der österreichische Staat für den Handel mit dem kommu-nistischen Regime in Pjöngjang keine Bankgarantien gibt, müssen die nordkoreanischen Einkäufer alle Geschäfte bar begleichen. Kim Jong Ryul wird deshalb unverzüglich nach Pjöngjang zurück-geschickt, um zumindest eine Anzahlung – 400.000 Dollar – zu holen. Auf dem Flug nach Hause soll er gleich im Handgepäck ein Mitbringsel für ein hochrangiges Parteikader-Mitglied mitneh-men: eine Pistole. Ohne Probleme und ohne kontrolliert zu wer-den reist er aus.»Ich weiß, dass es funktioniert«, sagt sich Jong Ryul ohne Anzeichen von Nervosität.»Meine Kollegen machen das auch immer so.«Schon oft, wurde Ryul von seinem erfahrenen De-legationsleiter versichert, seien nordkoreanische Diplomaten mit Waffen im Handgepäck aus Wien abgeflogen. Kein einziges Mal habe es dabei Schwierigkeiten gegeben.

Mit dem lebenslustigen und weiblichen Reizen gegenüber nicht abgeneigten Hwang wird Jong Ryul in den folgenden Jahren noch einige Male in den Westen reisen, bis die gemeinsamen Delegati-onen ein jähes Ende finden. Wegen seiner Affären – im offiziellen Nordkorea ein absolutes Tabu – sowie wegen des Verdachts auf Geldwäsche wird Hwang Ende 1977 in Pjöngjang verhaftet und mitsamt Frau, Kindern und Enkelkindern zur Strafe in einen land-wirtschaftlichen Gulag gesteckt. Die Dauer seiner Strafe wird auf lebenslang festgesetzt.

Seinen Auftrag in der österreichischen Bundeshauptstadt, für den Kim Jong Ryul seiner hervorragenden Deutschkenntnisse, seiner Parteimitgliedschaft und seines technisches Wissens wegen aus-gewählt worden war, hat der mittlerweile 40-jährige Ingenieur zur Zufriedenheit der Partei erledigt. Die nächste Aufgabe lässt des-halb nicht lange auf sich warten. Das Ziel heißt diesmal Stuttgart.

Im Mercedes-Benz-Werk im nahe gelegenen Sindelfingen werden die vier nordkoreanischen Automechaniker Hong, Choi, Jon und Bang und ihr Delegationsleiter Kim Jong Ryul im Sommer 1975 einen Monat lang in Service- und Reparaturarbeiten für die wachsende Mercedes-Flotte von Präsident Kim Il Sung eingeschult. Auf eine Anfrage der Buchautoren antwortet die Pressestelle der Daimler Benz AG, »dass wir eine Schulung von nordkoreanischen Mechanikern in Deutschland durch die damalige Daimler-Benz AG nicht belegen können«. Eindeutig belegbar aber sind die Nächtigungen der fünf nordkoreanischen Männer vom 28. Juli bis zum 29. August 1975 im kleinen Familienhotel Beisswanger in Untertürkheim. Dort steigt die fünfköpfige Gruppe ab. Ohne den üblichen Aufpasser durch Partei und Botschaft, der nordkoreanischen Delegationen im Ausland zur Seite gestellt wird, genießen sie bisher ungeahnte Freiheiten: einkaufen und essen, was das Herz begehrt. Obgleich von der Hotelführung verboten, kochen die immer hungrigen Nordkoreaner abends auf ihrem Zimmer. Sie kaufen sich heimlich eine Kochplatte, garen ihren Reis und braten Hühnchen.

Überdies haben sie alle mit jeweils 1500 DM Aufwandsentschädigung unvorstellbar viele Devisen in der Hand. Trotzdem kaufen sie nur sparsam ein: Kugelschreiber, Feuerzeuge, Taschenlampen, Brillen – alles Dinge, die in Nordkorea nicht zu haben und deshalb heiß begehrte Mitbringsel sind. Die Mehrheit ihrer wertvollen Devisen aber wollen sie wieder mit nach Hause bringen, denn auch in der kommunistischen Volksrepublik öffnen die Green Bucks so manch verschlossene Tür, besänftigen den einen oder anderen Feind oder sichern das Überleben.

Kim Jong Ryul steht unter großer Anspannung. Als Delegationsleiter seiner ersten Mission in Westdeutschland trägt er die Verantwortung für den Erfolg der Schulungsmission und vor allem dafür, dass ihm keiner seiner Mechaniker abhanden kommt. Doch die Gruppe reist wie geplant nach 30 Tagen Schulung nach

Pjöngjang zurück, von Westdeutschland hat sie außer einigen Hallen bei Mercedes, der Konzern-Kantine und ein paar Geschäften kaum etwas gesehen. Über mehrere Jahre hinweg werden Jong Ryul und ein ständig neu zusammengesetztes kleines Mechaniker-Team immer wieder zu Mercedes-Benz nach Stuttgart entsendet. Vagen Überlegungen, in der nordkoreanischen Hauptstadt ein Zentrallager einzurichten, mit Daimler-Benz ein Joint-Venture einzugehen und so die Schulungen in Deutschland einzusparen, macht Diktatoren-Sohn Kim Jong Il einen Strich durch die Rechnung. Mitte der 1970er-Jahre fürchtet der »Liebe Führer« ein zu großes Abhängigkeitsverhältnis zu einem kapitalistischen Unternehmen und verbietet die Pläne.

Dass Nordkorea in den 1970er-Jahren »verschiedene Fahrzeuge, darunter auch den Typ 600 (W 100)« bestellt hat, wird auch von der heutigen Pressestelle von Daimler-Benz bestätigt. Weiter heißt es: »Im Rahmen der gesetzlichen Rahmenbedingungen für Exporte wurden diese Fahrzeuge auch geliefert. Inzwischen bestehen schon seit Jahren keine Geschäftsbeziehungen zu Nordkorea, da wir uns strikt an die EU-Verordnung zu Nordkorea, das sogenannte ›Luxusembargo‹ halten.« (Anmerkung: Dieses Embargo, das die Einfuhr von Luxusgütern nach Nordkorea verbietet, wurde im März 2007 einige Monate nach dem ersten Test einer Atombombe in der Demokratischen Volksrepublik Korea erlassen.)

Warum es ab Anfang der 1980er-Jahre dann plötzlich keine Nachschulungen mehr gibt, erfährt Jong Ryul nicht. Seinen Vorgesetzten will er auf keinen Fall fragen. Er könnte sich verdächtig machen, befürchtet Kim Jong Ryul, als einer, der unbedingt ins Ausland will und damit indirekt das »Arbeiterparadies« Nordkorea kritisiert.

Also wartet der mittlerweile zweifache Familienvater – seine Tochter Ryong Hui wurde 1971 geboren – in aller Ruhe ab und hofft, dass irgendwann wieder ein neuer Auftrag für eine Reise ins Ausland kommt. Das allerdings ist alles andere als sicher. Die Entscheidung, wer, wann und wohin beordert wird, liegt in Nordkorea einzig und allein beim Parteikader. Kommt Jong Ryul von einem Aufenthalt im Ausland zurück, weiß er nie, ob dies die letzte Reise seines Lebens gewesen ist oder ob er schon morgen wieder aufbrechen muss. Doch die Parteiführung setzt Vertrauen in ihren offensichtlich linientreuen und korrekten Spitzen-Ingenieur, der mit mehr und mehr Kompetenzen für immer größere Einkaufstouren in Westeuropa ausgestattet wird.

Die Liste der georderten Waren erstreckt sich von großen Werkzeugmaschinen, kompletten Ausstattungen für Autoreparaturwerkstätten, Hebebühnen, Reifenwuchtmaschinen, über Relais-Stationen, Spezial-Messgeräte, medizinische Geräte und Laborinstrumente und über Rohre (u. Ä.) bis hin zu Material, das ausschließlich dem Zweck dient, die geknechtete Bevölkerung in Nordkorea zu überwachen und zu unterdrücken. Kim Jong Ryul hat zu bestellen – und er liefert in der Folge: Geräte zur Messung radioaktiver Strahlung, Alarmanlagen, Metalldetektoren, Geräuschmessgeräte, Metallschranken, Detektoren zum Aufspüren von Sprengstoff, Farbmessgeräte.

Ein spezieller Auftrag führt ihn nach Tübingen und Karlsruhe, wo er hochempfindliche Erdbebenmessgeräte besorgen soll. Noch immer ist Diktator Kim Il Sung geschockt vom verheerenden Erdbeben im benachbarten China: Im Juni 1976 hatte in der Stadt Tangshan die Erde so heftig gebebt, dass rund 650.000 Menschen ums Leben gekommen waren. Von einer ähnlichen herannahenden Katastrophe möchte der nordkoreanische Führer so früh wie möglich wissen und beordert deshalb Techniker in alle Welt. Parallel zu Kim Jong Ryul in Deutschland kaufen Gesandte auch in den USA die empfindlichen Erdbebenmessgeräte ein. Der Einfachheit halber legt Jong Ryul bei seiner Suche nach den besten Geräten in den diversen Forschungsinstituten und Unternehmen eine gefälschte Visitenkarte vor: »Kim Jong Ryul, Assistent Dipl.-Ing., Zentralanstalt für Geophysik und Erdbebenforschung« ist darauf zu lesen.

Falsche Visitenkarten und eine Bestellliste der nordkoreanischen
Scheinfirma (unten), in deren Auftrag die Geschäfte getätigt wurden

조선기계총회사
Korea Machinery General Company

Mundok St. Daesong District.
Pyongyang
D.P.R of Korea

Fax : 81-46-88

신동무 앞

수고합니다. 7월 16일에 보낸 부속 외에
다음의 부속들도 첨부하여 자료사업하여보낼것.

부속명세 및 주문번호

1. 연료펌프 (2490037-1)
   fuel pump
2. 고압연료펌프 (4320021-1)
   pump fuel ingection
3. 프란자 및 토시 (23212610)
   plunger
4. 흡입집관하바킹 (2154025-2)
   airelbow to cyl. block
5. 피스톤 핀토시 (2171015)
   bvshing piston pin
6. 변토시 (2231138)
   air andexh. valve guide (standard)
7. 시린다보호토시 (22110115)
   upper sleeve
8. 시린다보호토시 (22110116)
   lower sleeve

Fast vier Fünftel aller Einkäufe jedoch, die Kim Jong Ryul insgesamt 20 Jahre lang in Westeuropa tätigen wird, gehen direkt an das Umfeld der Diktatoren-Familie. Teppiche, Seidentapeten, die teuersten Fliesen, Beleuchtung, Sanitäranlagen, exquisite Möbel sind zu kaufen – und das nicht nur für eine Villa von Staatschef Kim Il Sung, sondern für Dutzende, ebenso wie für die Prunkgemächer seines Nachfolgers Kim Jong Il.

Immer ist bei den diversen Besichtigungen bei den Produzenten Kim Il Sungs Haus- und Hofarchitekt Kang Song Bäk dabei. Der kettenrauchende, enge Vertraute des »Großen Führers« strapaziert die Nerven des sonst unerschütterlich ruhigen Kim Jong Ryul. Der Architekt weiß kraft seiner Nähe zum Präsidenten um seinen großen Einfluss im Land. Was er sagt, ist Gesetz des Kaufens. Wo Kang Song Bäk hindeutet, werden schon Pakete geschnürt, Kosten spielen dabei keine Rolle. Dutzende Herrschaftsvillen der Führerfamilie, über das ganze Land verteilt, sind deshalb fast »österreichische« Häuser. Abgesehen von den Mauern und den Dächern wurden unzählige Produkte »Made in Austria« eingebaut: Türen, Aluminiumfenster, selbst die Wasserrohre der Prunkgebäude stammen aus Österreich. Speziell bei den nicht rostenden Rohren wollte die Führerfamilie auf Nummer sicher gehen und orderte über 50 Container spezieller Wasserrohre bei der österreichischen Firma Alukönigstahl. Alle Villen sollten mit Wasser bester Qualität versorgt sein, während Millionen Menschen in der Hauptstadt Pjöngjang nur eine gesundheitsgefährdende, gelbliche Brühe aus den Leitungshähnen fließen sieht. Eine dieser Villen mit dem malerischen Namen »Hundert-Blumen-Garten«, etwa fünf Kilometer von Pjöngjang entfernt, beherbergte mehrmals auch DDR-Staats- und Parteichef Erich Honecker als Gast.

Das bestellte Material zu organisieren ist für Einkäufer Kim Jong Ryul nur insofern mühsam, als es oft viele Monate dauert, bis das nötige Geld von Pjöngjang aus in Wien eingetroffen ist. Damit das Bargeld nicht mehr kofferweise in die Bundeshauptstadt geschleppt werden muss, eröffnet die Handelsabteilung der nordkoreanischen Botschaft in Wien Konten bei der Creditanstalt (CA), von wo wiederum die bei deutschen, Schweizer, französischen und österreichischen Firmen bestellten Waren bezahlt werden. Viele Produkte bestellt das nordkoreanische Einkaufsteam direkt bei den Herstellern. Bei Waren, die unter Embargo stehen und nicht nach Nordkorea ausgeführt werden dürfen, wenden sich Kim Jong Ryul und seine Delegationsmitglieder an die bewährten Zwischenhändler.

Einer von ihnen ist Valeriu U., ein Mann für speziell heikle Aufträge. Der rumänische Staatsbürger leitet offiziell die »Chemie- und Handels GesmbH« in der Wiener Laudongasse. Diese ist nichts anderes als eine Scheinfirma für die Vertuschung der hochgradig kriminellen Aktivitäten des rumänischen Geheimdienstmitgliedes. Was die Nordkoreaner von ihm wünschen, vermag er zu liefern, wenn es auch oft viele Wochen dauert: Handfeuerwaffen mit vergoldetem Lauf für Präsident Kim Il Sung, spezielle Jagdgewehre, sogar ein Kleinflugzeug der Marke Cessna findet mithilfe des »Securitate«-Agenten seinen Weg nach Nordkorea.

Beste Dienste leistet den nordkoreanischen Einkäufern mit den heiklen Wünschen auch das österreichische »Import-Export«-Unternehmen Haslinger. Der Zwischenhändler mit Sitz in Wien-Floridsdorf organisiert nicht nur Waren, darunter auch Waffen, aus der DDR und der Tschechoslowakei, sondern bietet auch besonderen Service: Er erledigt das Umpacken der heißen Ware, besorgt falsche Frachtpapiere und erledigt die Bestechung der Zöllner. Diese Rundum-Betreuung ist teuer, wird von den Nordkoreanern aber gern in Kauf genommen: Andernfalls müssten die Waren, insofern sie nicht zu sperrig und groß sind, im Keller der Botschaft in Wien, manchmal auch in Budapest umgepackt und gelagert werden.

Dem Firmenchef bringen die blühenden Geschäfte mit den Nordkoreanern so viel Geld ein, dass er sich großzügig zeigt. »Lernen Sie Autofahren«, rät der bereits auf die Pension zugehende Geschäftsmann seinem lieb gewordenen Bekannten Kim Jong Ryul. »Ich übernehme die Kosten für den Führerschein und stelle Ihnen dann ein Auto zur Verfügung.« Obwohl in der Botschaft niemand davon erfahren soll, meldet sich Ryul sofort in einer Fahrschule an. Ein Führerschein, ahnt er, könnte irgendwann und irgendwo Gold wert sein, nur nicht in Nordkorea: Dort ist strengstens limitiert, wer einen Führerschein machen darf. Nächtelang verschwindet Ryul heimlich aus der Botschaft zum Üben. Einen alten Renault 14, der im Garten des Botschaftsgeländes vor sich hinrostete, hat der Mechaniker wieder flott gemacht, mit dem uralten Gefährt wagt sich Jong Ryul gegen drei Uhr morgens, wenn kaum Autos unterwegs sind, auf die dreispurigen Verkehrsadern Wiens. Nach ein paar nächtlichen Probefahrten zwischen Wiener Mariahilfer Straße und dem Währinger Gürtel wagt der mittler-

Der österreichische Führerschein ermöglichte »Emils« Untertauchen und rettete so sein Leben.

weile 46-Jährige die Prüfung – und besteht. Fortan ist der stolze Besitzer eines Führerscheins mit einem Saab der Firma Haslinger unterwegs, was die nordkoreanischen Botschaftsmitarbeiter zwar skeptisch beäugen, aber nicht weiter beanstanden, zumal keine Kosten entstehen.

Der Führerschein aber wird sich Jahre später für Jong Ruyl als geradezu lebenswichtig herausstellen. Dank dieses Dokumentes kann er in Österreich untertauchen und sich doch, wenn notwendig, ausweisen. Haslinger hingegen übergibt die Geschäftsagenden bald an seinen Sohn, mit dem die prinzipiell vorsichtig agierenden Nordkoreaner nicht recht warm werden. Sie misstrauen dem Junior-Chef – der tatsächlich Anfang der 1980er-Jahre mit dem Gesetz in Konflikt kommt – und verlagern ihre Kontakte zu anderen Zwischenhändlern.

Darunter Dipl.-Ing. K., über den Kim Jong Ryul später behaupten wird: »Von ihm habe ich gelernt, wie man ein Embargo umgeht.« Der luzide Geschäftsmann aus dem 13. Wiener Gemeindebezirk hat viel Erfahrung im Umgang mit »Diplomaten« aus den kommunistischen Ländern. Schon beim ersten Treffen zwischen den beiden Männern konfrontiert der Wiener sein asiatisches Gegenüber unverblümt: »Sie sind ein Geheimdienst-Offizier!« Was Ryul niemals bestätigen wird. Er kann aus Dutzenden Visitenkarten wählen, die ihm aus Pjöngjang mitgegeben wurden: »Kim Jong Ryul, Vice-Director of Korea Machinery Export and Import Corp.«, »Kim Jong Ryul, Assistent Dipl.-Ing., Zentralanstalt für Geophysik und Erdbebenforschung« und viele mehr.

Für Dipl.-Ing. K. spielen die verschiedenen Visitenkarten seines Geschäftspartners Kim Jong Ryul keine Rolle, so lange die Geschäfte funktionieren und das Geld fließt. Und es fließt reichlich – für das Umpacken und Umlisten von Embargoware kassieren die Zwischenhändler Preisaufschläge von bis zu 30 Prozent der Gesamtsumme. Die Händler wiederum revanchieren sich mit Einladungen an Jong Ryul und seine Delegationsmitglieder: In einer Villa am Attersee werden die Gäste bestens bewirtet, wird gemeinsam gejagt und über die Geschäfte geredet. Luxushotels in Tirol und Salzburg dürfen die Einkäufer auf Kosten ihrer österreichischen Geschäftspartner besuchen, der eine oder andere Unternehmer verschenkt gar goldene Rolex-Uhren an die Männer aus Nordkorea.

Es könnte für Kim Jong Ryul gar nicht besser laufen, wäre da nicht Franz E. Der Zwischenhändler aus Wien prellt das nordkoreanische Einkaufsteam 1982 mit einem ungedeckten Wechsel um 300.000 Dollar. Für den stets übervorsichtigen Ryul, der in seiner Heimat mittlerweile zum technischen Vize-Direktor in den Rang eines Oberst befördert wurde, eine Katastrophe. Bekommt das Finanzministerium in Pjöngjang Wind von der Sache, droht Kim Jong Ryul in der Heimat sofort Gefängnis oder Arbeitslager. In panischer Angst suchen Jong Ryul und seine beiden Mit-Einkäufer – denn auch über ihnen schwebt das Damoklesschwert des Straflagers – nach Wegen, die erforderlichen 300.000 Dollar wieder aufzutreiben. Franz E. selbst ist untergetaucht. Für Jong Ryul beginnt indes ein Wettlauf gegen die Zeit. In größter Eile klappert der Nordkoreaner sämtliche Unternehmen in Österreich und Deutschland ab, die in jüngster Zeit größere Summen Bargeld aus Nordkorea erhalten haben. Für Bezahlung in bar, hatte die Vereinbarung gegolten, gibt es jeweils 3 Prozent Rabatt – worauf der nordkoreanische Einkäufer bisher nicht explizit gedrängt hatte. Jetzt fordert er die Prozente nachträglich ein und kommt so innerhalb kürzester Zeit auf eine Summe, die 300.000 Dollar sogar noch übersteigt. Die drei Männer sind unendlich erleichtert: Pjöngjang hat von den finanziellen Unregelmäßigkeiten in Wien nichts bemerkt, ihr Untergang ist noch einmal abgewendet.

Auch vor der einzigen nordkoreanischen Bank in Europa, der »Golden Star Bank« in der Wiener Kaiserstraße, verbirgt Kim Jong Ryul sorgsam jedes Anzeichen von Turbulenzen. Obgleich von Anfang an bei der Gründung des Instituts in Wien (1982) mit dabei – der Name »Golden Star« ist der Vorschlag Kim Jong Ryuls –, misstraut der Koreaner seinem eigenen Institut zutiefst. Wohlweislich hat er sein eigenes, privates Konto – was natürlich laut Vorgaben Pjöngjangs streng verboten ist – bei einer österreichischen Bank eröffnet. Auch seine Einkäufe für das Regime und die damit verbundenen Bankgeschäfte tätigt Ryul niemals über die Golden Star, sondern weicht immer auf österreichische Geldinstitute aus. Aus nächster Nähe verfolgt er die Entwicklung der Bank und kommt dabei zu dem Eindruck: »Die haben keine Ahnung, was die da machen.« Einigermaßen skeptisch beobachtet auch die österreichische Finanzmarktaufsicht das Gebaren der einzigen nordkoreanischen Bank in der westlichen Hemisphäre, lässt sie aber zunächst gewähren. Gerüchte machen die Runde: Die Bank mit einer geringen Bilanzsumme im Verhältnis zu einer Dorfsparkasse (als die Bank 2004 geschlossen wird, weist sie nur 15 Millionen Euro auf) sei in Geldwäsche verwickelt, betreibe Handel mit Falschgeld, sogar vom Handel mit Nuklearmaterial ist die Rede. Keiner dieser Vorwürfe wird je nachgewiesen, offiziell hat die Golden Star, eine Tochter der Daesong-Gruppe in Pjöngjang, nur die Aufgabe, das Geld ihrer nordkoreanischen Kunden bei österreichischen Banken zu veranlagen. Angesichts der verschwindend geringen Zahl an Kunden kommt die Bank immer stärker ins Trudeln, immer hartnäckiger werden die Vorwürfe, auch vonseiten der amerikanischen CIA, die Golden Star sei nichts anderes als eine Tarnfirma, hinter der der nordkoreanische Geheimdienst seine Geschäfte abwickle.

Hundertprozentig professionell agiert die CIA bei der Observierung der verdächtigen Bank aber nicht: Genau gegenüber der Golden Star beziehen einige Agenten ein Apartment, um das Gebäude in der Kaiserstraße rund um die Uhr beobachten zu können. Als die Amerikaner jedoch monatelang die Miete schuldig bleiben, verschafft sich der Vermieter mittels Reserveschlüssel Zutritt zu der Wohnung und findet darin zu seinem großen Erstaunen alles, was Spione so brauchen: Kameras, Mikrofone und anderes Agentenwerkzeug. Der Vermieter ruft die Staatspolizei, die beschlagnahmt das Gerät, und vier amerikanische »Diploma-ten« verlassen alsbald ganz diskret Wien, um einer Ausweisung zuvorzukommen. Was sich hinter den Mauern der Kaiserstraße 12 abgespielt hat, lässt sich nie restlos aufklären. Im Jahr 2004 jedoch wird die Golden Star nicht zuletzt auf den massiven Druck der USA hin gesperrt.

Diktator Kim Jong Ils Geld in Wien ging bei dieser Pleite nicht verloren. Kon Yong Rok, ein Vertrauter des Präsidentensohnes und späteren Nachfolgers von Kim Il Sung, hat das Vermögen Kim Jong Ils höchst umsichtig auf mehrere Konten bei österreichischen und Schweizer Banken verteilt und um die Golden Star einen großen Bogen gemacht. Wünscht der Diktator einen neuen Luxuswagen, gibt dessen Herr über die Konten in Westeuropa grünes Licht. Dieses Privileg macht Kon Yong Rok, der ebenfalls in der DDR studiert hat und deshalb sehr gut Deutsch spricht, innerhalb der kleinen nordkoreanischen Gemeinde in Wien unantastbar. Niemand wagt es, den älteren Herrn, der sich nach außen wie ein Vorzeige-Revolutionär gebärdet, für seine Spielleidenschaft zu kritisieren. Der aber lässt sich von seinen regelmäßigen Casinobesuchen nicht abhalten, obwohl Glücksspiele in Nordkorea als der Gipfel westlicher Dekadenz gegeißelt werden.

Kim Jong Ryul hält unterdessen ein neuer Großauftrag in Atem: Staatschef Kim Il Sung will nahe der Provinzstadt Kang Dong, etwa 70 Kilometer nördlich von Pjöngjang, eine Panzer-Reparaturfabrik errichten lassen. Weil der Diktator von der Befürchtung regelrecht besessen ist, Nordkorea könnte von den »imperialistischen Teufeln« überfallen werden, muss auch diese Anlage unterirdisch gebaut werden. Hunderte Meter Tunnel werden in den Berg geschlagen, mindestens zehn Hallen soll die Fabrik umfassen. Die notwendigen Maschinen dafür, so lautet der Auftrag, hat ein Team um Kim Jong Ryul zu besorgen. Die Suche nach den passenden Geräten für das »Projekt 303« verschlingt Monate. Dutzende Maschinenfabriken in Deutschland, Österreich und der Schweiz werden von den nordkoreanischen Einkäufern aufgesucht, nordkoreanische Mechaniker zu Einschulungen eingeflogen, etliche Millionen Dollar für den Kauf und den Transport der schweren Maschinen via Bahn, quer durch die Sowjetunion und China, ausgegeben. Fündig wird Kim Jong Ryul schließlich an vielen Orten: Für das geheime »Projekt 303« werden in Kempten, in St. Pölten, in Graz, Salzburg und einigen Städten der damaligen CSSR überwiegend gebrauchte Werkzeugmaschinen gekauft. Die Verkäufer haben keine Ahnung, dass ihre altgedienten Maschinen für eine unterirdische Panzerfabrik eingesetzt werden.

Wie immer erfüllt Kim Jong Ryul das Plansoll der Führung aus Pjöngjang ohne winzigsten Grund zur Beanstandung. Weil er auf eigene Initiative hin erstmals auch passende gebrauchte Maschinen sucht und findet und so dem Regime in Pjöngjang viel Geld erspart, wird ihm zu Hause eine besondere Ehre zuteil: Der vorbildliche Einkäufer erhält einen Orden der Partei. Doch innerlich wühlt »Projekt 303« den Einkäufer so auf wie noch kein Auftrag zuvor. »Wofür brauchen wir noch eine Panzerfabrik?« Ryul, der in Wien täglich die Nachrichten verfolgt, kann in der relativ ruhigen weltpolitischen Lage Anfang der 1980er-Jahre keine Kriegsgefahr erkennen. Immer größer werden die Gräben der Wahrnehmung zwischen dem Bild ständiger Bedrohung, wie es Nordkorea seinen Bürgern einbläut, und dem Bemühen zwischen der westlichen Welt und dem kommunistischen Block das Gleichgewicht der Kräfte zu wahren und sich nicht auf neue Konfrontationen einzulassen. Zum ersten Mal verursacht es Kim Jong Ryul Magenschmerzen, Millionen Dollar für Projekte verschwinden zu sehen, die er als sinnlos erachtet. Zum ersten Mal gesteht er sich ein: »Es ist zum Weinen. Das ganze Geld könnte für anderes viel besser genützt werden.«

Ein neuer Auftrag, just in dem Moment, als Ryul wieder nach

Pjöngjang zurückreisen soll, kommt ihm gerade recht. Präsident Kim Il Sungs persönliche Köche sind soeben in Wien eingetroffen, um drei renommierte Kochschulen zu besuchen, in den bekanntesten Restaurants Österreichs zuzusehen und zu lernen und um die besten Rezepte mit nach Hause zu nehmen. Kim Jong Ryul soll zwischen österreichischen und koreanischen Köchen übersetzen. Dieser Auftrag ist ganz nach seinem Geschmack: In den allerfeinsten Häusern dinieren, essen, was das Herz begehrt, speisen, so köstlich, wie er es sich nie hat träumen lassen. Tagelang frönt er den höchsten kulinarischen Genüssen, kostet die feinsten Saucen, genießt den zartesten Kalbsbraten. Am liebsten möchte Jong Ryul die 18 Mann starke Köche-Delegation direkt aus dem Hauptquartier des Diktators nie mehr gehen lassen. Für den Präsidenten und dessen Familie ist keine kulinarische Köstlichkeit zu ausgefallen oder zu teuer. Der Diktator liebt üppiges Essen, Kim Il Sung ist ein großer, korpulenter Mann. Auch sein Sohn und potenzieller Nachfolger Kim Jong Il fällt in einer durchgehend schlanken bis unterernährten Bevölkerung mit seinem dicken Bauch auf – in Nordkorea das offensichtlichste Zeichen für Macht und Reichtum. Während das engste Umfeld des Diktators zwischen koreanischen Genüssen und fremden Spezialitäten wählen kann, gibt die Parteiführung an die ausgehungerte Bevölkerung schon mal die Devise aus: »Zwei Mal essen pro Tag ist genug.«

Kim Jong Ryul ist sich seiner für nordkoreanische Verhältnisse ungeheuren Privilegien bewusst. Als einer, der im Auftrag des Regimes immer wieder, manchmal sogar mehrmals innerhalb eines Monats, nach Westeuropa geschickt wird, isst er sich zumindest im Ausland statt. Er kann Dinge kaufen, von denen ein Durchschnittskoreaner nicht einmal ahnt, dass es sie gibt.

Und er kann – für einen Nordkoreaner ein wohl einzigartiges Ereignis – im Ausland seinen Sohn treffen. Nicht ganz zufällig studiert auch Ryong Chol, wie einst sein Vater, in der DDR. Mit seinem wachsenden Einfluss innerhalb der Partei hat sich Kim Jong Ryul dafür stark gemacht, dass sein Sohn zum Studium der Datentechnik nach Berlin geschickt wird. Dass Vater und Sohn einander Mitte der 1980er-Jahre auf dem Berliner Alexanderplatz treffen, erfüllt den Älteren mit unbändigem Stolz. Zwei Nordkoreaner, die geplanterweise irgendwo privat im Ausland zusammenkommen – das kann schon mal passieren, weiß Kim Jong Ryul. Doch er möchte wetten, dass sie, ein nordkoreanischer Vater und sein Sohn, die Ersten sind, die sich ohne einen Aufpasser an ihrer Seite und ohne lästige Delegationsmitglieder außerhalb ihres Landes treffen können. Diesen Besuch, für den Vater und Sohn in Pjöngjang schwer bestraft würden, hat er sich schwer erkämpft. Diese wenigen, viel zu schnell verflogenen Stunden in Ostberlin, spazierend an der Seite seines Sohnes, haben Ryul ein Gefühl der Freiheit vermittelt, wie er es nie zuvor gespürt hat. Auf dieses Treffen, das wusste er schon zuvor, würde er nie verzichten, koste es, was es wolle. Und diese dem Regime heimlich abgetrotzten Stunden mit seinem Sohn würden für immer sein Triumph über die allmächtige Partei bleiben.

Zu Hause, bei seinen kurzen Aufenthalten zwischen den Reisen, erzählt Kim Jong Ryul nichts über seine Arbeit. Ehefrau Gil Nam weiß gerade noch, dass ihr Mann sich meist in Österreich und Deutschland aufhält, doch niemals erkundigt sie sich nach anderem als nach seinem Wohlbefinden. »Wie hat es dir gefallen?«, »Wie sieht es dort aus?«, »Wie leben die Menschen dort?« – Fragen dieser Art sind tabu, sie bringen den Fragenden und den Antwortenden in Schwierigkeiten, also lässt Ryuls Familie sie bleiben. Selbst die Kinder fragen nie und Ryul stellt von vornherein klar: »Ich würde nie darauf antworten.« Jeder Satz könnte fatale Folgen haben: »Dort gibt es viele Autos«, könnte die Kinder zur Frage verleiten: »Warum gibt es bei uns nicht so viele?« Die Spitzel der Partei, die überall lauernden Zuträger der Macht, könnten dies sofort als indirekte Kritik an den Zuständen in Nordkorea deuten.

Kim Jong Ryul muss sich vor Unvorsichtigkeiten dieser Art umso mehr hüten, als er mit seinen vielen Auslandsreisen Neid auf sich zieht. Kollegen, Mitarbeiter, Untergebene, aber auch Vorgesetzte des zum Oberst beförderten technischen Vize-Direktors der Abteilung 1, Fuhrpark-Eskorte, beginnen sich klammheimlich zu fragen: Warum darf immer er reisen? Fahrten ins Ausland, das ist in Nordkorea das höchste aller Privilegien, das selbst den bedeutendsten Parteikadern verwehrt wird. Diese mögen reich sein, ein Luxusauto fahren und immer vor einem üppig gedeckten Tisch sitzen, in einer Villa wohnen und ohne Sorgen leben – ins Ausland fahren dürfen sie nicht. Jong Ryul, der nach einer beendeten Reise selbst nie weiß, ob er das Land je wieder verlassen darf, muss stets vorsichtig sein. Jeder kleinste Fehler kann ihn Kopf und Kragen kosten, seine Neider lauern.

Ein ausgeklügeltes System der Geschenke- und Devisenverteilung hilft ihm dabei, Freunde wie Feinde bei der Stange zu halten. Von jedem Nordkoreaner, der ins Ausland fährt, wird erwartet, dass er Geschenke mitbringt: Feuerzeuge, Kugelschreiber für die Kollegen, Zigaretten für den Parteikader, Brillen und spezielle Medikamente für die kranke Tochter des Vorgesetzten. Für Jong Ryul gilt das genauso, und zwar für jede Reise. Vor jedem Abflug hat der Oberst sein allerheiligstes Dokument, das Parteibuch, höchstpersönlich in der Parteizentrale abzuliefern. Ist er wieder in Pjöngjang, hat er das kleine rote Büchlein unverzüglich wieder abzuholen und dabei dem Parteikader Bericht zu erstatten, was er im Ausland getan hat. Erwünscht ist dabei ein erhebliches Maß an Selbstkritik und ein zerknirschtes Geständnis schwerer Fehler, die im dekadenten Ausland begangen wurden. Um das quälende Prozedere ein wenig abzukürzen, bringt Kim Jong Ryul stets ein paar Stangen Zigaretten mit – worauf sich der Parteisekretär gnädig zeigt, sich von Jong Ryul mit irgendwelchen Geschichten abspeisen lässt und andeutet, dass er beim nächsten Mal natürlich wieder ein kleines Geschenk erwartet.

Die Hälfte seiner Deviseneinnahmen, die Ryul im Westen durch Tagesdiäten und Rabatte bei Zahlungen anhäuft, fließt in Geschenke. So hält sich der immer einflussreicher und mächtiger werdende Oberst die Neider vom Leib. So sichert er sich Zugang zu den Lebensmittelhallen der Diktatorenfamilie, kann sich mal einen Topf Honig, mal teuren Käse besorgen. So steckt er seinen engsten Verwandten heiß begehrte Dollars zu und ermöglicht ihnen, zumindest immer genug Öl und Zucker kaufen zu können. Mit entsprechenden Schmiergeldern hat Jong Ryul sogar dafür gesorgt, dass ein deutscher Marken-Kühlschrank und ein japanischer Fernseher in seiner Wohnung in Pjöngjang stehen. Zu empfangen sind natürlich nur die staatlichen nordkoreanischen Sender, denn kaum stehen ein neues Radio- oder TV-Gerät in nordkoreanischen Wohnungen, rücken auch schon die staatlichen Techniker an. Sie löten alle Kanäle zu, damit kein verbotener ausländischer Sender gehört oder gesehen werden kann. Besonders feinfühlig gehen die Techniker dabei nicht vor. Nicht selten kommt es vor, dass das neue Gerät nach den Lötarbeiten kaputt ist.

Vorgesetzte, die bei Jong Ryul einen Kühlschrank »bestellen«, bekommen nur sowjetische Fabrikate. Produkte aus »kapitalistischen« Ländern mitzubringen, wagt der Einkäufer nicht. Auch bei Kleidung ist allerhöchste Vorsicht geboten. Sorgsam trennt Ryul die Etikette »Made in USA« oder »Made in Germany« heraus, ehe er Hosen, Jacken und Blusen für Frau und Kinder einpackt.

Doch trotz aller Bemühungen, sich keine Feinde zu machen, sehen zwei Männer 1987 ihre Chance kommen, den ungeliebten Oberst zu Fall zu bringen. Sowohl der Parteikommissar von Sektion 1 der Fuhrparkeskorte als auch der technische Vize-Chef der Sektion hegen wegen der Auslandsreisen ihres Genossen schon lange tiefen Groll. Beide Männer sind in der Partei einflussreich, verfügen über direkte verwandtschaftliche Verbindungen zu »Revolutionskämpfern der ersten Stunde«, einer von ihnen ist gar ein 2-Sterne-General, steht also im militärischen Rang um einige Stufen über Oberst Kim Jong Ryul. Dennoch blieb es beiden Parteikadern bisher verwehrt, ins Ausland fahren zu dürfen. Ihre Rache besteht darin, Jong Ryul als Leiter für ein Team zu nominieren, das bei einem landesweiten Quiz zu Ehren des 45. Geburtstages von Präsidentensohn Kim Jong Il durchgeführt wird. Ablehnen darf niemand, der aufgestellt wird – für die Partei wäre dies ein Beweis, dass man sich für Kim Jong Il nicht einsetzen will, was wiederum mit Straflager zu ahnden wäre.

Der mittlerweile 52-jährige Jong Ryul weiß, woher der Wind weht und beginnt sofort, wie besessen zu lernen. Während des sich über Monate erstreckenden Quiz wird man ihm und seinem 14-köpfigen Team vor Publikum Hunderte Fragen stellen, etwa: »Welche Literatur hat Kim Jong Il bei seinem Studium benutzt?«, oder: »Welches Ereignis behandelt das Revolutionslied ›Meer aus Blut‹?« Sieben Bücher muss Jong Ryul auswendig lernen, sich jedes kleinste Detail im Leben des Junior-Diktators einprägen, die programmatischen Schriften Kim Il Sungs wiederholen und immer darauf hoffen, dass er bei keiner Frage versagt. Denn dies wäre für seine Feinde das untrügliche Zeichen dafür, dass der Westen den Oberst »verseucht« hat. Zeit zum Jammern, »dass man mir das Hirn mit vollkommen sinnlosem Zeug vollstopft«, gönnt er sich nicht. Er weiß nur: Er darf nicht versagen. Quälenden Prozeduren wie dieser haben sich die meisten Parteikader zu unterwerfen. Sie sollen, so lautet zumindest Jong Ryuls Erklärung, »nichts anderes im Kopf haben. Sie sollen keinen einzigen Augenblick die Möglichkeit für einen freien Gedanken bekommen.«

Nach monatelangem Dauerstress, während dem Kim Jong Ryul weder Dienstreisen absolviert noch seiner Arbeit in der Fuhrparkeskorte nachgeht, triumphiert er: Der Beweis ist vollbracht, dass er doch nicht »verseucht« ist. Der Techniker mit einem exzellenten Verstand und einem brillanten Gedächtnis und sein 14-köpfiges Team haben gewonnen. Ihre Belohnung: drei Farbfernseher, fünf Kassettenrekorder und zehn Tage Urlaub für das ganze Team im nördlichen Myohyangsan-Gebirge. Dort, freut sich der erschöpfte Jong Ryul, »gibt es immerhin gutes Essen«.

7
Dienen und Dulden

김 정 룔

Kim Jong Ryul kann nicht glauben, was er sieht. Er steht in der Fertigungshalle eines Maschinenkombinats, nur ein paar Kilometer von der Atomanlage Yongbyon entfernt, und niemand arbeitet. Alle Maschinen stehen still, kein Mensch ist anwesend. Es ist früher Vormittag eines Wochentages, normalerweise würde man vom Dröhnen der schweren Maschinen sein eigenes Wort nicht verstehen. Auch das Büro der großen Anlage ist verwaist. Erst in einem Geräteschuppen stößt der Oberst auf einen verängstigten Mann in Arbeitskleidung.

»Wo sind hier alle?«, verlangt Jong Ryul Auskunft. »Im Wald, Herr Oberst. Holz sammeln.« »Mitten am Tag? Alle zusammen?«, herrscht der erboste Offizier den zitternden Arbeiter an. »Was geht hier vor?«

Doch Erklärungen muss sich der Militär aus dem fernen Pjöngjang gar nicht geben lassen. Im Zuge der Suche nach geeigneten Maschinen, die ihn in den vergangenen Monaten quer durchs eigene Land geführt hat, war es längst nicht mehr zu übersehen: Nordkorea steuert auf eine Katastrophe zu. Seit die Sowjetunion kollabiert ist und ihre umfangreiche Hilfe für die Volksrepublik Korea eingestellt hat, jagt ein Tiefschlag den nächsten: Nordkoreas gesicherte Absatzmärkte in den sozialistischen Bruderländern verfallen, und in der Folge bricht die Industrieproduktion des Landes, Herz und Motor der nordkoreanischen Wirtschaft, zusammen. Nur noch 15 Prozent der Produktionsstätten sind ausgelastet. Dutzende Kombinate arbeiten nicht mehr. Die wenigen Fabriken, die doch noch Aufträge haben, kämpfen wiederum mit einer sich rapide verschlechternden Energieversorgung. Immer wieder bricht das Stromnetz zusammen, weil die gesamte, dringend erneuerungsbedürftige Infrastruktur des Landes für alle mit freiem Auge sichtbar zerfällt und weil Russland kein Öl mehr liefert, mit dem wiederum die Wasserkraftanlagen Nordkoreas betrieben werden.

Verschärfend kommt hinzu, dass auch der große Bruder China

seine ökonomischen Weichen in Richtung Kapitalismus stellt und neuerdings von Nordkorea für seine Lieferungen Weltmarktpreise verlangt. Außerdem muss, so die neue Vorgabe Pekings, ab sofort in Devisen abgerechnet werden.

Diesem Schock ist das Regime in Pjöngjang nicht gewachsen. Die daraus folgenden Zwänge, auch im eigenen Land Veränderungen einzuleiten, werden glatt geleugnet. Statt Reformen anzudenken, die das wirtschaftliche Überleben des gesamten Staates und seiner Bevölkerung sichern würden, beharrt die Führung um Diktator Kim Il Sung stur auf der fehlgeleiteten Planwirtschaft. Um das eigene Überleben zu gewährleisten, werden einfach die letzten Ressourcen von der Not leidenden Bevölkerung auf die Führung von Partei und Militär umgeleitet. Allen unentwegt gepredigten kommunistischen Prinzipien widersprechend nimmt der Staat den Ärmsten des Landes das Letzte, um die Privilegierten durchzufüttern.

Je weiter weg sich Oberst Kim Jong Ryul in Erfüllung seiner Aufträge von der Hauptstadt Pjöngjang entfernt, umso sichtbarer wird das Elend. Arbeiter und Ingenieure gehen in die Berge statt an die Werkbank. Auf der Suche nach Brennholz holzen sie ganze Wälder ab, weil die Versorgung mit Braunkohle zusammengebrochen ist. Auf die kahl geschlagenen Flächen jedoch prasselt der schwere Regen des Nordens ungeschützt nieder und reißt die letzte Erde mit sich. Immer mehr Bergregionen veröden, während Muren ins Tal donnern und nie erlebte Überschwemmungen und Fluten auslösen. Naturkatastrophen und Missernten, vor allem aber die zentral organisierte, geradezu absurde Landwirtschaftspolitik führen das Land Anfang der 1990er-Jahre auf direktem Weg in eine Hungersnot.

Nur für die Funktionäre herrscht kein Mangel, sie können immer japanisches Sushi, Fasan oder beste Muscheln für ihre Mahlzeiten ordern. Beim Militär, zumindest in den unteren Rängen, sieht die Lage schon anders aus: Weil ihre Versorgung mit Reis nicht mehr gewährleistet ist, wird das Grundnahrungsmittel einfach von der Ration für die Normalbevölkerung abgezweigt.

Millionen Nordkoreaner stehen vor dem Abgrund. Nach Jahrzehnten, in denen sich kaum ein Arbeiter oder Bauer je hat satt essen können, erhalten sie nun am Höhepunkt der Hungerkrise vom Staat monatelang überhaupt nichts mehr. Zwischen der Hälfte und fast zwei Dritteln der Bevölkerung sind schon in »Normalzeiten« auf die staatliche Reisverteilung angewiesen. Jetzt wird sie sogar für die Bürger in Pjöngjang einfach eingestellt.

In ihrer Verzweiflung essen die Menschen Rinde. Um nicht daran zu sterben, muss der innere Teil der Kiefernrinde geschält, drei Tage lang in Wasser gelegt und dann gekocht werden. Als glücklich kann sich schon schätzen, wer noch ein paar Körner Reis besitzt und diese mit dem Kieferbrei vermischen kann. In den Fabriken fernab von Pjöngjang trinken die Arbeiter, wenn sie denn überhaupt noch etwas mitbringen, ihr Mittagessen in Form eines flüssigen Breigemisches aus dem Letzten, was es an Essbarem gibt. »Wir gehen hier vor die Hunde«, hört Jong Ryul, und er kann es nicht abstreiten. Lange zurückliegende Erinnerungen kommen in ihm hoch: Ein kleiner Junge bei der Elsternjagd, immer hungrig, immer auf der Suche nach Nahrung. 50 Jahre nach Kim Jong Ryuls Jugend in Armut und Not hat sich für die meisten Menschen in Nordkorea wenig geändert: Mit der eigenen Hände Arbeit kann kaum jemand überleben.

Die Hotels, in denen der Oberst während seiner Reisen durch den Norden übernachtet, sind eiskalt. Zu essen gibt es nichts. Bekannte oder Verwandte in nahe gelegenen Dörfern aufzusuchen, wagt der Oberst nicht. Sein Besuch würde sie zutiefst beschämen, sie könnten ihrem Gast nicht einmal ein Gläschen Reiswein anbieten. Obwohl es eigentlich verboten ist, bittet Kim Jong Ryul, gegen Devisen in einem der Ausländerhotels nächtigen zu dürfen. Ausnahmsweise wird es dem Offizier gestattet, für diesen Wunsch hat er allerdings die horrende Summe von über 100 Dollar hinzublättern. Dafür bekommt er ein beheiztes Zimmer mit allem erdenklichen Luxus sowie ein üppiges Abendmahl.

Jeder Tag und jedes Gespräch mit seinen Kollegen schürt die innere Wut des fast 60-jährigen Offiziers. Unter Tränen schildert ihm einer der fähigsten Ingenieure im Maschinenkombinat nahe der Stadt Yongbyon, dass die Armee die Aufnahme seiner beiden Söhne verweigerte. Sie seien viel zu klein und zu schwach, mit derartigen »Zwergen« sei nicht viel anzufangen. Im ganzen Land hat die jahrelange Mangel- und Unterernährung sowie die Hungersnot der 1990er-Jahre verheerende Spuren hinterlassen. Fast zwei Drittel aller nordkoreanischen Kinder sind laut einer UNICEF-Studie chronisch unterernährt, mehr als 15 Prozent sind so mager und geschwächt, dass eine Infektionskrankheit sie töten könnte. Im Durchschnitt ist in Nordkorea ein siebenjähriger Junge mit 105 Zentimetern um 20 Zentimeter kleiner und wiegt mit 16 Kilo um zehn Kilo weniger als ein Siebenjähriger in Südkorea. Eine ganze Generation wächst mit Fehlbildungen und nie mehr auszumerzenden Entwicklungsschäden heran.

Diktator Kim Il Sung und seine Clique haben den Verantwortlichen für die Misere schnell bei der Hand. »Amerika ist schuld, dass wir nichts zu essen haben«, trommelt die staatliche Propaganda pausenlos. Dass es später ausgerechnet die Feinde aus dem kapitalistischen Ausland, Südkorea, Japan und USA sein werden, die Nordkorea ab 1994 mit Lebensmittellieferungen über das Gröbste hinweghelfen, erfährt in Nordkorea kaum jemand.

Statt Auswege zu suchen, um das Leid der Bevölkerung zu mildern, bleibt das Regime bei seinen menschenverachtenden Prinzipien: An der fischreichen Ostküste etwa darf in den meisten Regionen nicht gefischt werden. Die Küste ist über weite Strecken hinweg militärisches Sperrgebiet, nur die Fischer der Diktatorenfamilie dürfen dort ihre Netze auswerfen.

In den Dörfern entlang der Küste, aber auch im Landesinneren herrscht nackte Verzweiflung. Eltern verzichten auf Rationen zugunsten ihrer Kinder, die Wagemutigsten versuchen unter Lebensgefahr nach China zu flüchten, Jugendliche schließen sich zu Banden zusammen, um Essen zu rauben, Babys werden ausgesetzt, die Menschen sterben scharenweise. Wie hoch die Opferzahl dieser politisch verschuldeten Hungersnot wirklich ist, lässt sich nie ermitteln. 1998 schließlich zitiert der südkoreanische Geheimdienst aus einem Bericht der nordkoreanischen Regierung, wonach knapp drei Millionen Menschen verhungert sind – mehr als ein Zehntel der Bevölkerung! Andere Schätzungen gehen von niedrigeren Opferzahlen aus, doch alle kommen sie zu demselben Schluss. Während der Hungerperiode Anfang bis Mitte der 1990er-Jahre kam mindestens eine Million Nordkoreaner ums Leben.

Besonders schrecklich hat der Hunger in den zahllosen Straf- und Arbeitslagern gewütet. In den Gulags sterben Menschen schon während »Normalzeiten« an Hunger, in den Katastrophenjahren sind sie die Letzten, um die sich irgendwer kümmert. Westliche Hilfsorganisationen können nicht einmal daran denken, die gequältesten unter den gequälten Nordkoreanern mit dem Allernötigsten zu unterstützen. Die Regierung lässt fremde Helfer – unter strengster Beobachtung – zwar ins Land, konfisziert aber deren Güter und verteilt sie wiederum an Kadermitglieder. In die Straflager schlagen Not, Hunger und Elend eine breite Schneise des Todes. Wie hoch die Zahl der Opfer in den Gulags ist, lässt sich nicht einmal annähernd schätzen.

Anders als angesichts des verzweifelten Überlebenskampfes von Millionen Menschen zu erwarten wäre, regt sich im Land kein Widerstand. Staat, Partei, Militär und Polizei drehen stattdessen weiter an der Repressionsschraube. Ein Spitzelsystem, das die gesamte Gesellschaft, vom Bauern bis zum Funktionär, vom Kleinkind bis zum Großvater durchdringt, zerrt jeden potenziellen Kritiker ans Tageslicht, noch ehe dieser seinen Satz zu Ende gesprochen hat. Wer noch Glück hat, landet im Gulag. Viel größer aber ist die Wahrscheinlichkeit, dass der »Verräter« hingerichtet wird, und das zur Abschreckung, insbesondere in Zeiten der Krise, vor Hunderten Menschen auf öffentlichen Plätzen.

Um gefährliche Gedanken innerhalb der Bevölkerung erst gar nicht aufkommen zu lassen, hat das Regime das ganze Land zu einem riesigen geistigen Gefängnis umgebaut. In Nordkorea wird die individuelle Freiheit der Person negiert. »Denkt, sprecht und handelt wie Kim Il Sung und Kim Jong Il«, heißt es in einer geläufigen Parole. Oder, wie es in einer Radioansprache im Jänner 1986 vorgegeben wird: »Die gesamte Gesellschaft muss fest zu einer geeinten politischen Kraft geformt werden, die im Einklang atmet und voranschreitet, mit nur einem Gedanken und nur einem Willen, unter der Leitung des obersten Führers.« Dieses Prinzip gilt für alle, vom 4-Sterne-General bis zum ärmsten Bauern, Ausnahmen gibt es nicht einmal für die höchsten Parteikader oder Provinzfürsten. Für die Erreichung dieses Zieles wird jeder Einzelne in ein starres System an Pflichten und Aufgaben gezwängt, die den Menschen neben Arbeit oder Ausbildung höchstens am Sonntag hin und wieder ein paar Stunden zur eigenen Verfügung gestatten. Freizeit, in der Menschen potenziell auf gefährliche Ideen kommen könnten, soll es möglichst nicht geben. Stattdessen gilt es unentwegt, dem Regime Loyalität und Treue zu bekunden.

Einmal pro Woche wird das Parteimitglied Kim Jong Ryul zur ideologischen Unterweisung »gebeten«. Und ebenfalls einmal pro Woche hat er wie jeder Nordkoreaner zum Zweck der Kritik und Selbstkritik zu einer Versammlung zu erscheinen, was in Nordkorea euphemistisch als »Lebensbilanz« bezeichnet wird. Künstler haben gar alle drei Tage zur Selbstkritik zu erscheinen, zumal ihnen aufgrund ihrer größeren individuellen Freiheit offenbar mehr Schandtaten zugetraut werden. Dabei genügt es nicht, den vorsitzenden Parteizellensekretär mit irgendwelchen halbernst gemeinten Geständnissen abzuspeisen. Jedes Wort innerhalb der zwischen zehn und 15 Menschen umfassenden Gruppe wird genau protokolliert. Jeder »Delinquent« hat aufzustehen, seine Verfehlungen laut vorzulesen, aber auch mindestens zwei seiner Kollegen zu beschuldigen. Von Woche zu Woche empfindet Kim Jong Ryul die fast einstündige Prozedur demütigender und qualvoller. Warum man vor den anderen seine »Sünden« beichten soll, kann er nicht begreifen. Wer sich tatsächlich etwas zuschulden hat kommen lassen, wird sich hüten, vor anderen die Wahrheit zu sagen, zumal er dann sofort damit rechnen muss, im Straflager zu landen. Was hier also Woche für Woche gezwungenermaßen besprochen wird, sind Missetaten wie »Ich habe mein Kind geschlagen« oder »Du Scheusal, du hast unseren geliebten Führer nicht aus tiefstem Herzen begrüßt«. Das Wichtigste dabei: Für alle Fehltritte haben die Diktatoren Kim Il Sung und später Kim Jong Il die passende Lösung. »Der liebe Führer hat gesagt, es ist nicht gut, seine Familie zu schlagen«, weiß der Parteizellensekretär. Und natürlich haben die zerknirschten Selbstkritiker zu beherzigen, was Kim Jong Il zu Belangen des Lebens, der Partei, der Wirtschaft und zu überhaupt allem zu sagen hat.

Diese wöchentliche Selbstkritik bleibt niemandem erspart. Nicht Dreijährigen im Kindergarten, wo die staatliche Indoktrinierung bereits voll einsetzt, nicht Schülern, nicht Hausfrauen, nicht Kranken und nicht Rentnern. Selbst Auslandsreisende, oder vielmehr besonders Nordkoreaner, die sich außerhalb des Landes aufgehalten haben, müssen die Selbstkritik nachholen. Auch wenn man wie Kim Jong Ryul sein Zwangsritual in den Räumen der nordkoreanischen Botschaft in Wien absolviert hat.

Darüber hinaus ist es für fast alle Nordkoreaner Pflicht, an den zahllosen politischen Versammlungen, Paraden und Massenübungen teilzunehmen. Allein für den alljährlich in riesigen Stadien aufgeführten Arirang-Tanz muss zwei Monate lang jeden Tag geübt werden. Dafür werden Tausende Menschen, vom Kleinkind bis zur Bauersfrau, mit Militärlastwagen in die Stadt gekarrt, wo sie von frühmorgens an bis zur Dunkelheit bestimmte Bewegungen und Schrittkombinationen üben müssen. Die Übungen finden im Freien bei jedem Wetter statt. Verpflegung oder Toiletten gibt es keine. Dass Ältere vor lauter Krämpfen in den Beinen sich kaum noch halten können, Kinder im feinen Nieselregen schnupfen und weinen, gilt nicht als Entschuldigung. Ein aufrechter und loyaler Nordkoreaner ist nur, wer hart zu sich selbst ist und seine ganze Kraft dem Volk zur Verfügung stellt, lautet die Botschaft. Permanent werden die Menschen mit Druck und Parolen, mit Musik und ideologischer Beschallung in eine Art Alarmzustand versetzt. Unter ständiger Anspannung gehalten, ist es der Führung in Pjöngjang ein Leichtes, die erschöpfte Bevölkerung im Sinne des Diktators zu lenken. Sich vor derartigen Übungen zu drücken, ist völlig undenkbar.

Kim Jong Ryul, der das verordnete Tanzen mehr und mehr zu hassen beginnt, hat seine Jubelgesänge ebenso zu lernen wie alle anderen um ihn herum. Er mag Oberst der Armee sein, ein gebildeter Akademiker, ein weit gereister Mann mit großer Lebenserfahrung – in der gleichgeschalteten nordkoreanischen Masse gilt das alles nichts. Würde er jammern oder sich einfach hinsetzen, wäre er ein paar Minuten später von irgendjemandem an einen Parteifunktionär verraten worden. Und um Jong Ryuls Verdienste für Volk und Vaterland wäre es mit einem Schlag vorbei, das Straflager stünde am Ende seiner glanzvollen Karriere in Nordkorea.

Das ideologische Rüstzeug, mit dem sich die nordkoreanische Führung 20 Millionen Menschen zu ihren wehrlosen Untertanen macht, nennt sich »Juche«. Anfangs waren die Kommunisten in Nordkorea in der Sowjetunion geschulte Marxisten-Leninisten, die für die Befreiung ihres Landes von der japanischen Besetzung kämpften. Das Ziel, die herrschenden Ungerechtigkeiten zu beseitigen und eine ideale Gesellschaft zu schaffen, mag für Rebellenführer und Staatsgründer Kim Il Sung ursprünglich dabei mit eine Rolle gespielt haben. Ab Mitte der 1950er-Jahre jedoch ersetzte Kim Il Sung die kommunistische Idee durch die Juche-Ideologie. Wörtlich übersetzt bedeutet Juche »mit eigener Kraft«, also »Unabhängigkeit« oder »Souveränität«. Zunächst symbolisierte dieser politische Leitgedanke das Ende der Abhängigkeit von der Sowjetunion und China, stand für eine eigene Form des Kommunismus in Korea. Juche stellt also den Anspruch, politisch in Nordkorea völlig unabhängig zu sein und alle Probleme, ob wirtschaftliche oder politische, aus eigener Kraft zu meistern.

Doch anstatt einen pragmatischen, flexiblen Weg eines reformierten Kommunismus zu entwickeln, liefert Juche vorwiegend die philosophische Untermauerung für den in Nordkorea ausufernden Personenkult. Juche erhebt zwar das Leitprinzip der Unabhängigkeit – was man auch als stark nationalistische Komponente zu verstehen hat –, doch diese gilt nur für die Volksmasse, nicht für den einzelnen Menschen. Diesen Widerspruch haben Nordkoreas Chefideologen folgendermaßen wegargumentiert: Die Volksmassen müssen geführt werden – durch eine weise Partei und deren Führer. Die Existenz eines Führers, im praktischen Sinn angewendet auf Kim Il Sung und danach genauso problemlos auf Kim Jong Il, bedingt die Möglichkeit für den Einzelnen, sich zu entfalten. Vereinfacht gesagt und von den schwülstigen, rhetorischen Girlanden der Juche-Ideologie befreit, könnte man sagen: Juche ist die ideologische Rechtfertigung dafür, alles der Sache eines einzigen Mannes, dem Führer, unterzuordnen. Mit Kommunismus im Sinne eines Arbeiterparadieses hat dies rein gar nichts zu tun.

Während Staatsgründer Kim Il Sung Juche als unabdingbares, politisches Werkzeug erachtet, lässt sein Sohn und Nachfolger Kim Jong Il Juche buchstäblich in die Köpfe der Bevölkerung hämmern. Ab den 1970er-Jahren dürfen keine Schriften und Bücher zu welchem Thema auch immer erscheinen, die nicht auch Zitate,

Reden oder Textstücke von Kim Il Sung abdrucken. Kinder haben zuerst die Sätze »Kim Il Sung, hurra!« und »Nieder mit Amerika« zu lernen, beim Schulunterricht und in der Universität macht die Juche-Ideologie oder der »Kim-Il-Sungismus«, wie sie auch bezeichnet wird, fast die Hälfte des Unterrichtsstoffes aus. Wer Charles Darwin war, erfahren nordkoreanische Schulkinder nie, dafür wissen sie jedes kleinste Detail aus dem Leben des »Großen Führers« auswendig.

Jeden Samstag haben sich alle Nordkoreaner, Kinder ausgenommen, in Juche fortzubilden, die Unterrichtsstunden werden in sogenannten »revolutionären ideologischen Forschungsräumen« abgehalten, die es praktisch in jedem größeren Gebäude gibt. Auch die nordkoreanische Botschaft in Wien verfügt über einen derartigen Raum, in dem alle Mitarbeiter angehalten sind, ihre Kim-Il-Sung- und Kim-Jong-Il-Kenntnisse zu vertiefen. Bis spät in die 1980er-Jahre gibt es in den westeuropäischen Ländern, wo nordkoreanische Botschaften existieren, auch Freiwillige, die sich in Juche schulen lassen. In Wien trifft sich eine sechsköpfige Gruppe von Österreichern regelmäßig, um sich auf Initiative der nordkoreanischen Botschaft hin bei Tee und ernsten Gesprächen in die Schriften Kim Jong Ils zu vertiefen. Die Belohnung für die eifrige Gruppe: Mehrere Reisen ins Arbeiterparadies Nordkorea, die Kosten dafür übernimmt das Regime in Pjöngjang.

Kim Jong Ryul hingegen, nach wie vor überzeugter Anhänger des Marxismus, würde auf die ständigen Juche-Stunden lieber verzichten. Doch obwohl er schon in Wien wie vorgeschrieben seine Pflicht erfüllt und sein wöchentliches Juche-Studium betrieben hat, muss er in Pjöngjang das Versäumte nachholen. Als Parteimitglied wird er überdies jedes Jahr einen Monat lang ins Juche-Trainingslager befohlen. Das bedeutet, einen Monat in einem kasernenartigen Gebäude in der Hauptstadt zu schlafen, wenig und schlecht zu essen, jeden Tag von früh bis spät militärisch gedrillt zu werden und in stundenlangen Lernsequenzen wieder und wieder nach Textstellen aus den Schriften Kim Il Sungs geprüft zu werden. Es gilt, Seminare zu absolvieren und an Diskussionen teilzunehmen, deren wichtigstes Ziel es ist, gegenüber dem Führer »ewige Treue« zu bekunden und Dankbarkeit zu zeigen, im »besten sozialistischen Land der Welt« zu leben. Alle Teilnehmer im Trainingslager erfüllen ihre Pflicht, ein Durchfallen gibt es nicht. Gelernt und geprüft wird eben so lange, bis jedes Führer-Zitat aus dem Effeff beherrscht und jedes Revolutionslied mit der gebührenden Begeisterung gesungen wird.

Für Kim Jong Ryul zählt dies zu den Ärgernissen, denen man nicht entgehen kann, weshalb er wie immer seine Zähne zusammenbeißt und absolviert, was immer von ihm verlangt wird. Als Mitglied einer Gesellschaft, in der es tödlich sein kann, Gefühle zu zeigen oder die Wahrheit zu sagen, hat er längst gelernt, das Unvermeidliche abzuhaken, ohne sich innerlich zu sehr aufzuregen. »Jeder Nordkoreaner«, sagt er, »hat drei Köpfe. Einen für die Partei, einen für das Überleben und einen für sich ganz allein.« Kim Jong Ryuls drei Köpfe haben gelernt sich zu arrangieren. Haben den Reichtum des Auslands gesehen und das Elend im eigenen Land, ohne in ihm den Wunsch nach Rebellion zu wecken. Er hat gelernt, sich zu arrangieren, mit den Widersprüchen der Welt draußen und der Gewalt und Grausamkeit im Inneren.

Er will nur leben, überleben, sich möglichst keine Feinde schaffen und dem Zustand innerer Ruhe nahekommen – der allerdings durch einen einfachen Brief extrem gefährdet wird: Eine Einladung aus der DDR ist eingetroffen, am 25-jährigen Jubiläum der Absolventen des Jahrganges 1962 der Technischen Hochschule Dresden teilzunehmen. Siedend heiß fährt die Angst Kim Jong Ryul ein, als ihm der Brief überreicht wird. Seine Gegner könnten ihm das Schreiben als Nähe zu den »Revisionisten« auslegen, zumal sogar die DDR in Nordkorea als quasikapitalistisches Land angesehen wird. Es gibt nur eine Lösung: Jong Ryul muss zu seinem vorgesetzten Parteisekretär gehen, ihm das Schreiben übergeben, es offiziell verdammen, vernichten und schwören, die Einladung natürlich nicht anzunehmen. Als der Brief im Büro des Parteikaders in Flammen aufgeht, zeigt der ehemalige Student Emil, der die Zeit in Dresden als einige der »schönsten Jahre seines Lebens« empfindet, keine Regung. Sein Kopf für die Partei funktioniert mechanisch, doch über die Wangen jenes Kopfes, der nur ihm gehört, fließen Tränen.

8
Die Hundert-Meter-Schönheit

김 정 룔

Wenn auf Nordkoreas blitzblank gefegten, leeren Autobahnen ein Konvoi schwarzer Luxus-Limousinen herandonnert, kann es sich nur um den Tross der Präsidentenfamilie handeln. Bauern auf den umliegenden Feldern halten mit ihrer Arbeit inne und salutieren. Alte Frauen, die mit ihren Reisigbesen die Straßen säubern, rufen »Lang lebe unser geliebter Führer«. Kinder, im Gleichschritt und mit der geschulterten Schaufel in Zweierreihen in Richtung landwirtschaftlichem Kombinat unterwegs, schreien und jubeln aufgeregt: »Hurra! Hurra!«. Hält die Kolonne an und es steigt wahrhaftig Kim Il Sung aus dem Auto, gleicht dies in der Empfindung der Umstehenden einer nahezu religiösen Erfahrung. Ihr hymnisch verehrter Präsident, dem sie jeden Tag von früh bis spät huldigen, den sie für die Erfolge der nordkoreanischen Revolution lobpreisen, dessen Wohltaten schon die Kleinsten im Kindergarten nachbeten, dessen Schriften sie auswendig lernen und dessen Befehlen sie widerspruchslos folgen, steht plötzlich mitten unter ihnen. Als wäre ein Gott herabgestiegen.

Dieses Gefühl, sich winzig und unbedeutend angesichts eines allmächtigen und allwissenden Führers zu fühlen, bestärken die im Präsidentenkonvoi mitreisenden Propaganda-Experten und Sicherheitsleute noch. Offizielle Protokollschreiber halten jedes Wort fest, Journalisten tragen das historische Ereignis ins ganze Land. Hände werden geschüttelt. Eine Skulptur Kim Il Sungs wird genau an dieser Stelle errichtet werden, wo er aus dem Auto stieg. Fotos werden geschossen – für die Dorfbewohner von unschätzbarem Wert. Denn gemeinsam mit dem Großen Führer abgebildet zu werden, das bedeutet im eigenen Dorf enorm an Prestige und Bedeutung zu gewinnen, als ob man geadelt worden wäre. Im Parteibuch jedes Einzelnen wird genau festgehalten, wann und wo das historische Ereignis stattfand. Der örtliche Parteichef wird die beglückten Bewohner seines Dorfes von nun an mit größerem Respekt behandeln.

Vom einsamsten Bergdorf bis zum Flughafen in Pjöngjang haben die Nordkoreaner sowohl Kim Il Sung als auch dessen Sohn, Nachfolger Kim Jong Il, immer vor Augen. In jeder privaten Wohnung müssen die Porträts der beiden Männer hängen, und zwar nicht nur einmal pro Wohneinheit, sondern in jedem Zimmer. Wer seine Führer besonders liebt, pflastert alle Wände mit ihren Fotos zu. Das faustgroße Geschwulst im Nacken, das Diktator Kim Il Sung die letzten 20 Jahre seines Lebens quält, ist auf Fotos nie zu sehen. Eilfertig wird jede Spur menschlichen Makels wegretouchiert, das Bild des Staatschefs ist sakrosankt. Später wird sogar unter Androhung von Gefängnisstrafen verboten, Fotos zu machen, wo Teile des Kopfes von Kim Il Sung oder Kim Jong Il abgeschnitten sein könnten. Absolutes Tabu ist auch, eine Zeitung so zu falten, dass des Führers Bild darauf geknickt wird. In jeder Hotelhalle blickt einem ein riesiges, in Öl gemaltes Antlitz Kim Il Sungs entgegen, in jedem öffentlichen Gebäude wachen er und sein Sohn, auf jedem größeren Platz des Landes stehen ihre Statuen und Denkmäler, ob aus Kupfer, Eisen oder Marmor – immer hell beleuchtet, auch wenn das ganze restliche Land wegen der Energieknappheit nachts in Dunkelheit versinkt. Büsten von Lenin oder Marx hingegen sind längst verschwunden. In Nordkorea dulden die politischen Götter Kim Il Sung und Thronfolger Kim Jong Il keine Konkurrenz.

Dem überbordenden Personenkult um den Präsidenten und seinen Prinzen entgeht auch Kim Jong Ryul nicht. Wie verlangt, hängt er zwei Porträts pro Zimmer auf, weigert sich aber trotz hartnäckiger Bitten seiner Tochter, Fotos von ihm und dem Parteichef zu zeigen. Er könnte viele davon rahmen lassen und vor seinen Besuchern damit prahlen, schließlich ist er viele Male mit Kim Il Sung zusammengetroffen, doch seiner Tochter sagt er nur knapp: »In meiner Wohnung sollen die Wände möglichst weiß bleiben.« Er ist weit davon entfernt, den Großen Führer Kim Il Sung als anbetungswürdig zu verehren und sieht den von der staatlichen Propaganda auf das Podest eines Übermenschen gehobenen Präsidenten nüchtern als »Menschen wie jeden anderen auch«. Das zeigte sich dem früheren Studenten Emil schon einst in der DDR, wo der damalige nordkoreanische Premier im Rahmen eines Staatsbesuches bei »seinen Studenten« vorbeigeschaut hatte. Auch im Maschinenkombinat Rjong Song schüttelten der Ingenieur und der mächtigste Mann des Landes einander die Hände. Und seit Jong Ryul in der Fuhrparkeskorte des Personenschutzministeriums arbeitet, wechselt der Oberst mit seinem Staats- und Parteichef immer wieder ein paar Worte. Die Rangordnung dabei ist klar: Der Führer wünscht Änderungen und Reparaturen an seinen geliebten Luxuslimousinen – Kim Jong Ryul sorgt dafür, dass diese sofort und fehlerlos durchgeführt werden.

Mehrmals will der »Große Führer« wissen: »Wo hast du Deutsch gelernt?« Und stets antwortet der Gefragte wie aus der Pistole geschossen und wie vom offiziellen Protokoll befohlen: »In der DDR – durch Ihre große Fürsorge.« Denn zu erwähnen, dass eigentlich die DDR Ende der 1950er-Jahre für die nordkoreanischen Studenten gezahlt hatte, nicht die Führung in Pjöngjang, ist dem Untergebenen streng verboten.

Das Vertrauen der Parteiführung in den Deutsch sprechenden Ingenieur und Oberst ist schließlich groß genug, diesen bei offiziellen Staatsbanketten als Dolmetscher einzusetzen, wenn Kim Il Sungs Chef-Übersetzer ausfällt. Für Kim Jong Ryul öffnen sich damit die Türen zu den prunkvollsten Palästen des Landes. In der überdimensionalen, mit Marmor und Granit gepflasterten Mansudae-Kongresshalle übersetzt er mehrmals für den Staats- und Parteichef der DDR, Erich Honecker. Auch beim Besuch von Regierungschef Willi Stoph und anderen hochrangigen Delegationen aus der DDR sitzt der Hilfs-Dolmetscher Jong Ryul mit am Gesprächstisch. Doch nicht die Tatsache, am Bankett teilzunehmen und zwischen mächtigen Männern der kommunistischen Welt zu dolmetschen beeindruckt Jong Ryul, als vielmehr die köstlichen

Speisen. Bis zu 20 Gänge der feinsten Delikatessen werden für die Gäste aus Europa aufgetischt – und Jong Ryul darf mitessen. Jeder Bissen ist ein Genuss, jeder Schluck der teuersten Weine begeistert ihn, während draußen vor den Toren der Prunkhallen die Menschen in Nordkorea mit exakt vom Staat festgelegten, knapp gehaltenen Lebensmittelrationen auskommen müssen. Nie bekommen sie so viel wie auf dem Papier steht und nie könnten sie sich vorstellen, in welch üppigem Prunk ihr Präsident zu dinieren pflegt, der da behauptet: »Wenn das Volk leidet, leide ich mit. Wenn das Volk Staub frisst, fresse ich auch Staub.«

Es ist ein Geflecht aus Gewalt und Lügen, auf dem Nordkoreas Staatschef sein kommunistisches »Arbeiterparadies« aufbaut. Gelogen ist schon die Geschichte um die Geburt seines ältesten Sohnes: Kim Jong Il soll, so die offizielle Hagiografie, 1942 in einem geheimen Rebellenstützpunkt auf dem »heiligen Berg« Paektu das Licht der Welt erblickt haben. Die Wahrheit war nach Meinung von Historikern weitaus banaler: Der Erstgeborene des damaligen Widerstandskämpfers Kim Il Sung wird im Militärlager Wjatskoje (UdSSR) geboren, wohin sich damals viele nordkoreanische Widerstandskämpfer zurückgezogen hatten. Zurück in Nordkorea kann der kleingewachsene Junge den Schock nur schwer verdauen, dass sein Vater nach dem Tod der geliebten Mutter bald wieder heiratet. Mit Stiefmutter und Stiefgeschwistern wird er nie warm, kämpft in zunehmend härterer Konkurrenz um die Anerkennung und Achtung des allmächtigen Vaters.

Ausgerechnet die in der UdSSR einsetzende Demontage Stalins, des großen Vorbildes seines Vaters, kommt Kim Jong Il zu Hilfe. Seit in Moskau Nikita Chruschtschow an der Macht ist und Stalin als Schurken hinstellt, laufen aus der Perspektive Kim Il Sungs die Dinge in der Sowjetunion grundsätzlich falsch. Wer die Revolution am Leben erhalten und die Partei langfristig an der Macht sehen will, muss, so die Erkenntnis des Großen Führers in Pjöngjang, selbst seinen Nachfolger festlegen. Und so stellt der Partei- und Militär-, Regierungs- und letztlich auch Staatschef lange bevor seine Nachfolge auch offiziell verkündet wird, die Weichen für seinen Erstgeborenen. In den bald folgenden politischen Schriften ist plötzlich kein Wort mehr davon zu lesen, dass die »dynastische« Erbfolge in einem kommunistischen Staat verwerflich sei. Wenige Jahre zuvor hatte das noch anders geklungen: Die Macht innerhalb der Familie weiterzugeben sei ein »reaktionärer Brauch ausbeuterischer Gesellschaften«.

Bis zu seinem plötzlichen Tod im Jahr 1994 lässt sich der allmächtige und omnipräsente Vater das Zepter des Handelns nicht aus der Hand nehmen. Während die Befehlsgewalt über Staat, Partei und Militär weiter einzig in den Händen Kim Il Sungs liegen – und alle potenziellen Gegner in mehreren Säuberungswellen ausgemerzt werden –, genießt Sohn Kim Jong Il die schönen Seiten des Lebens. Der nur 1,52 Meter große kommunistische Thronfolger gilt als Bonvivant, der dem Alkohol mehr zuspricht, als seine Ärzte gutheißen. Den teuersten Cognac lässt er sich kistenweise einfliegen. Nach Informationen eines Vertreters der Cognac-Firma Hennessy soll Kim Jong Il jährlich bis mehr als eine halbe Million Dollar für den Edelbrand ausgegeben haben, bis gesundheitliche Gründe ihn zwingen, auf französische Rotweine umzusteigen, bevorzugt Bordeaux. Im eigens für Kim Jong Il geschaffenen »Institut für langes Leben« sind die Mitarbeiter nur damit beschäftigt, den Sohn des Despoten mit den besten Lebensmitteln zu versorgen. Nicht nur dass, wie schon für seinen Vater, jedes Reiskorn einzeln geprüft werden muss, darüber hinaus wird der Reis für Kim Jong Il auf offener Flamme gekocht, wobei nur Holz vom »heiligen« Berg Paektu verwendet werden darf. Auch sein Wasser darf nur aus einer für ihn reservierten Quelle stammen.

Allen Arten von Luxus und Vergnügungen, wie sie privilegierten Kindern von Diktatoren offenstehen, geht der junge Mann nach. Er liebt schnelle Sportwagen, am besten in Form von Cabrios, die Gesellschaft schöner Frauen und Partys. Dass der junge Mann mit einem Abschluss der Universität Pjöngjang oft bis in die Morgenstunden feiert, darf der gestrenge Vater nicht wissen. Auch nicht, dass oft Tänzerinnen aus Schweden und Russland eingeflogen werden, um Stimmung in die Feiern zu bringen. Von einem Dandy klassischen Zuschnitts unterscheidet ihn nur seine Vorliebe für grünbraune Jacke-mit-Hosen-Ensembles. Niemals trägt der kleingewachsene kommunistische Erbprinz Anzüge oder Krawatten, die ihn nach eigener Ansicht noch kleiner erscheinen lassen würden. Stattdessen behilft er sich mit aufgedoppelten Schuhen, die ihn immerhin etwa 1,60 Meter groß wirken lassen.

Im kleinen Kreis, unter engsten Freunden und der Familie, gilt Kim Jong Il als beredter, charmanter Unterhalter, während er in der Öffentlichkeit hölzern agiert und ungern Reden hält. »Wenn er will, fühlen sich die Leute stets wohl bei ihm, dafür hat er wirklich ein Talent«, schildert seine ehemalige Schwägerin Sung Hae Rang in einem Interview 2003 dem Time Magazine. Die heute in Südkorea lebende Frau schränkt aber ein: »Ist er glücklich, kann er einen sehr gut behandeln, aber wenn er wütend ist, bringt er manchmal sämtliche Fenster in den Häusern zum Klirren.« Seine Persönlichkeit sei von Extremen bestimmt. »Wenn er an jemandem das Interesse verliert oder sich gegen ihn wendet, ist dessen Karriere zu Ende und sein Leben in Gefahr.«

Oberst Kim Jong Ryul sieht den Sohn des Staatschefs mehrmals unangemeldet im Fuhrpark des Personenschutzministeriums auftauchen – immer wenn die neuesten Modelle verschiedenster Luxusautos geliefert werden. Kim Jong Il liebt schnelle Sportwagen und fährt sie auch selbst. Nicht immer unfallfrei, was die Mechaniker in der Werkstätte Jong Ryuls unverzüglich zu reparieren haben. »Morgen will ich den Wagen wiederhaben«, lässt er mitteilen, und sämtliche Mechaniker haben für das ungetrübte Fahrvergnügen ihres künftigen Diktators Nachtschichten zu schieben.

Obwohl Kim Jong Il ganz im Stile seines Vaters »die imperialistischen Teufel« in Bausch und Bogen verdammt, lernt er doch die Vorzüge westlicher Importprodukte von hoher Qualität zu schätzen. Durchschnittliche Nordkoreaner dürften diese nie besitzen: Seien es Konsumgüter, von den feinsten belgischen Bonbons bis zum Plasmafernseher, sei es die Luxusjacht, seien es technische Produkte zur Überwachung seines eigenes Wohls oder zur Unterdrückung der Bevölkerung – der künftige Diktator zeigt sich an allem interessiert. Kim Jong Ryul, der dem bald mächtigsten Mann im Staat einmal die Funktionsweise eines in den USA gekauften und über Österreich nach Nordkorea gebrachten Fingerabdruckgerätes erklärt, beschreibt Kim Jong Il als »sehr interessiert und von rascher Auffassungsgabe. Er hat schnell begriffen, und man hat gesehen, er hat sich schon vorher mit dieser Art von Technik befasst.« »Wann fahren Sie wieder nach Westdeutschland?«, fragte Kim Jong Il abschließend und gibt dem Oberst folgenden Rat mit: »Passen Sie gut auf! Die dort sind alle Teufel!«

An einem Wintertag im Jahr 1980 beordert Kim Jong Il den Oberst in sein Büro ins Zentrum Pjöngjangs. Er möge allein kommen, so der Befehl. Denn was der langsam mehr politische Aufgaben übernehmende Sohn des Parteichefs mitzuteilen hat, ist streng geheim. Direkt vom Büro Kim Jong Ils führt eine Rolltreppe in 60 Meter Tiefe. Es folgen zwei weitere Rolltreppen, bis die beiden Männer schließlich in einer Tunnelanlage 200 Meter unter der Erde mitten in der nordkoreanischen Hauptstadt stehen. Von hier aus führt eine unterirdische Straße 20 Kilometer lang aus der Stadt hinaus. Im Kriegs- oder Angriffsfall würde Kim Jong Il von seinem Büro aus gefahrlos flüchten können. Doch was der künftige Diktator braucht, sind Elektroautos – also Fahrzeuge, die im Tunnel keine Benzin- oder Dieselabgase verursachen. Unter dem Versprechen der strengsten Geheimhaltung verpflichtet sich Kim Jong Ryul, alle Informationen und Unterlagen über den Kauf von passenden Elektroautos zu besorgen. Den Kauf selbst wickeln anschließend andere

Mitarbeiter des Personenschutzministeriums ab, sieben elektrisch betriebene Fahrzeuge sollen erworben worden sein.

Mit all seinen Aktivitäten bemüht sich Kim Jong Il, dem Großen Führer gegenüber Loyalität zu beweisen. Er eifert ihm nach, versucht in die Fußstapfen seines politischen Vorbildes zu treten, obwohl es ihm sowohl an Charisma als auch an der heldenhaften Aura seines Vaters, des ehemaligen antijapanischen Widerstandskämpfers, mangelt. Was der Führer befiehlt, ist auch für seinen Sohn Gesetz, weshalb dieser folgsam die für ihn ausgesuchte Offizierstochter Kim Young Sook heiratet. Aus der Ehe geht eine Tochter hervor. Young Sook gilt lange als die »offizielle Ehefrau«. Ob sich Kim Jong Il je von ihr scheiden ließ, ist nicht bekannt.

Mit seiner ersten Liebe, der Schauspielerin Sung Hae Rim – von welcher Diktator Kim Il Sung nie erfahren hat –, hatte Kim Jong Il bereits einen Sohn, Jong Nam. Über zwei Jahrzehnte bleibt Sung Hae Rim die heimliche Geliebte Kim Jong Ils, bis die aparte Frau, nachdem sich Kim Jong Il längst einer Jüngeren zugewandt hatte, schließlich Mitte der 1990er-Jahre aus Nordkorea flüchtet. 2004 stirbt sie in Moskau. Als potenzieller Nachfolger von Kim Jong Il hat sich sein Sohn Jong Nam diskreditiert, weil er 2001 von der japanischen Polizei beim Versuch ertappt wurde, sich Disneyland Japan anzusehen. In Macao, wo er gern Casinos besucht, fiel er zudem mit einem gefälschten Pass auf.

Anfang der 1980er-Jahre sticht dem Filmfan Kim Jong Il die hübsche, in Japan geborene koreanische Tänzerin Ko Young Hee ins Auge. Er heiratet die junge Frau, sie gebiert ihm zwei Söhne, Jong Chul und Jong Un. Weil ihr in Propagandatexten des Regimes als »verehrte Mutter« gehuldigt wird, gilt als wahrscheinlich, dass einer ihrer beiden Söhne eines Tages die Macht Kim Jong Ils erben könnte. Dabei dürfte sich der Jüngere, Jong Un, als der wahrscheinlichere Nachfolger seines Vaters und Großvaters herauskristallisiert haben. Der heute etwa 25 Jahre alte Jong Un, der wie seine

Geschwister bis zum Alter von 15 eine internationale Eliteschule in der Schweiz besucht hat, soll der Liebling seines Vaters sein. Über den jungen Mann ist in der nordkoreanischen Öffentlichkeit wenig bekannt. Von Jong Un existieren keine Fotos, nur eines, auf dem ein zwölfjähriger, lächelnder Junge abgebildet ist. Bisher aussagekräftigste Hinweise darauf, dass – der laut Beschreibungen korpulente – Jong Un tatsächlich zum Nachfolger aufgebaut wird, sind von Pjöngjang nicht offiziell bestätigte Berichte, wonach Diktator Kim Jong Il im Sommer 2009 seinem potenziellen Erben die Führung der Geheimdienstbehörde übertragen haben soll. Diese ist sowohl für die Überwachung im Inneren als auch für die Auslandsspionage zuständig. Der junge Kim Jong Un hätte somit bereits große Macht in den Händen – die Staatssicherheit ist einer der Stützpfeiler für die totalitäre Herrschaft im Land.

Ko Young Hee stirbt überraschend 2004 an Brustkrebs. Keine zwei Jahre später heiratet der mehrfache Witwer erneut. Seine vierte und aktuelle Ehefrau wird seine um mehr als 20 Jahre jüngere frühere Privatsekretärin Kim Ok. In dieser Funktion war die junge Frau bereits zum innerkoreanischen Gipfeltreffen zwischen der Führung Süd- und Nordkoreas mitgereist. 2006 fährt sie schließlich sogar an der Seite Kim Jong Ils zu einem Staatsbesuch mit nach China, was ihren enormen Einfluss auf den Diktator beweist. Kim Ok gilt heute kraft ihrer Nähe zum mächtigsten Mann des Landes als eine der bedeutendsten Personen im inneren Machtzirkel in Pjöngjang.

Schöne Frauen waren eine Schwäche des kleinwüchsigen Diktators, besonders Tänzerinnen und Schauspielerinnen haben es Kim Jong Il angetan. Abgesehen von Frauen gilt seine Begeisterung vor allem Filmen. Doch nicht nur die Endprodukte interessieren ihn, die Filmindustrie insgesamt reizt den Diktatorensohn. Damit riskiert er in Nordkorea zwar, nicht ernst genommen zu werden, doch einmal mehr demonstriert er auch damit Loyalität gegenüber dem Regime.»Produzieren wir mehr revolutionäre

Filme über die sozialistische Realität«, feuert er seine Mitarbeiter an. Seine Sammlung von mittlerweile 20.000 Filmen ist legendär – kaum einen davon könnte ein gewöhnlicher nordkoreanischer Bürger sehen, ohne dafür im Gulag zu enden. Doch Kim Jong Il nimmt sich nicht nur die Freiheit heraus, Filme zu sehen, wie sie allen anderen Nordkoreanern verboten bleiben, sondern auch, sie auf eine Weise zu beschaffen, wofür andere ins Gefängnis gehen. Auch Oberst Kim Jong Ryul wird bei seinen vielen Aufenthalten in Wien Zeuge davon, wie sich Kim Jong Il die Kopien beschafft. Noch in den Jahren des Kalten Krieges borgen sich nordkoreanische Agenten auf legalem Weg Filme in Wien aus, fahren dann nach Prag und kopieren seelenruhig in einem eigens dafür eingerichteten Büro sämtliche Werke. Darunter sind, wie sich Kim Jong Ryul selbst überzeugen kann, sämtliche Winnetou- und James-Bond-Filme. Später steigen die nordkoreanischen Zuträger auf raffiniertere Methoden um, Filme zu kopieren.

Mit dem Wachsen seiner privaten Filmsammlung muss Kim Jong Il erkennen: Das nordkoreanische Filmschaffen hat keine Qualität – Hilfe muss her. Kurzerhand befiehlt der Diktator in spe 1977 die Entführung eines südkoreanischen Spitzenregisseurs und dessen Frau, einer berühmten Schauspielerin. Die beiden sollen ihren nordkoreanischen »Brüdern und Schwestern« beibringen, wie man wirklich gute Filme dreht. Das in Südkorea prominente Paar hatte sich kurz zuvor scheiden lassen, was Diktator Kim Jong Il nicht an seinem Plan hindert, zuerst Choi Eun Hee kidnappen zu lassen, um so ihren Exmann zu ködern.

Als sich die Schauspielerin einmal in Hongkong aufhält, schnappt die Falle zu: Nordkoreanische Agenten verschleppen die Frau auf ein Schiff und legen nach achttägiger Reise im Hafen Nampo an. Dort steht winkend Kim Jong Il am Kai, als wäre es die normalste Sache der Welt, einen entführten Filmstar in der Gefangenschaft zu begrüßen. Choi wird in einem pompösen Gästehaus untergebracht, mit den schönsten Kleidern, den besten

Ärzten und allem erdenklichen Luxus versorgt. Wenn Kim Jong Il Feste feiert, lässt er sie holen, sie ist regelmäßige Zuschauerin von Filmaufführungen in seiner Residenz, einmal wird sie sogar in den engsten Kreis seine Familie gebeten. Sie soll sich wohlfühlen, wie ein auf Händen getragener Gast. Doch die zutiefst traurige Choi will nur eines: nach Hause.

Vier Jahre hat die Schauspielerin bereits in der nordkoreanischen Luxusgefangenschaft verbracht, als Kim Jong Il überraschend andeutet:»Regisseur Shin ist vor Kurzem auf Besuch gekommen.« Die Ex-Frau des Filmemachers ist perplex: Shin Sang Ok soll freiwillig nach Nordkorea gereist sein? In Wahrheit sitzt der Regisseur schon seit fast vier Jahren in einem nordkoreanischen Gefängnis. Um die so plötzlich verschwundene Choi zu suchen, reiste der Regisseur nach Hongkong, wo er ebenfalls von nordkoreanischen Agenten verschleppt und nach Nordkorea gebracht wurde. Das Paar wird an verschiedenen Orten festgehalten, keiner der beiden weiß, dass der andere sich ebenfalls in Nordkorea aufhält oder ob er überhaupt noch lebt. Während die Schauspielerin in Depressionen versinkt, wagt ihr Exmann die Flucht aus seinem Edel-Gefängnisleben. Mit verheerenden Folgen: Er wird geschnappt, in ein nordkoreanisches Gefängnis gebracht, gefoltert und zu drei Monaten Einzelhaft verurteilt. Nach einem neuerlichen Fluchtversuch steckt man ihn in ein Zwangsarbeitslager, aus dem man ihn erst vier Jahre später, 1983, herausholt. In »Umerziehungslektionen« hat er seine Fehler zu gestehen und zu lernen, wie er sich »bessern« kann. »Sie haben gedacht, dass ihre Gehirnwäsche mich ändern kann«, wird der Regisseur Jahre später nach seiner spektakulären Flucht in die USA schildern. »Hätte ich damals im Arbeitslager gewusst, was auf mich wartet, hätte ich mich umgebracht.«

Eines Tages wird Shin aus dem Lager geholt, in einen feinen Anzug gesteckt und zu Kim Jong Il gefahren. An dessen Seite steht seine Ex-Frau, die von seinem Auftauchen ebenso wenig wusste wie er selbst. Die beiden starren einander an, worauf Kim Jong Il gönnerhaft die Order gibt:»Was steht ihr da so herum? Na los, umarmt euch.« Als sie einander in die Arme fallen, klatschen die umstehenden Gäste begeistert.

Von nun an dürfen die beiden zusammenleben, bekommen aber den Befehl, erneut zu heiraten und für die»Nordkoreanische Revolution« Filme zu drehen. Mehr als 20 Werke, allesamt übelste Propagandafilme, meist unter direkter Anweisung des Führers, spult Shin Sang Ok in den folgenden Jahren ab, denkt aber unablässig an Flucht. Dass die beiden trotz ihres hohen Lebensstandards unglücklich sein könnten, leuchtet Kim Jong Il nicht ein.

»In der kommunistischen Elite Nordkoreas glaubt jeder, dass die Menschen in einem kapitalistischen Land allein schon damit zufrieden sind, wenn sie genügend Geld haben. Von Freiheit verstehen sie nichts«, weiß Shin. Auch die Tatsache, dass die Entführung von Menschen, Folter und Zwangsarbeitslager moralisch verwerflich sein könnten, findet im nordkoreanischen Wertekanon keinen Platz: Die Revolution rechtfertigt alles.

Erst als Shin Sang Ok und seine Frau Choi Eun Hee zu Filmtagen nach Europa eingeladen werden und dabei auch in Wien absteigen, gelingt ihnen die Flucht. In einem Taxi sitzend kann das Paar seine nordkoreanischen Aufpasser bitten, doch in einem anderen Wagen zu fahren, hängt diesen dann ab und rast zur amerikanischen Botschaft. Dort müssen die beiden, weil es keine Möglichkeit gibt, direkt vor der Botschaft zu parken, zum Tor rennen. Schon Meter davor schreien sie:»Asyl, Asyl!«

Als Kim Jong Il die Nachricht vom Abtauchen seiner zwei Filmschaffenden erhält, glaubt er zunächst, US-Agenten hätten das Paar gekidnappt und denkt zunächst daran, sie wieder nach Pjöngjang zurückzuholen.

Es wird weitere 15 Jahre dauern, bis sich bei Kim Jong Il die Erkenntnis einstellt, dass Entführungen ausländischer Staatsbürger Methoden sind, auf die ein Staat besser verzichten sollte. Er entschuldigt sich bei Shin Sang Ok und Choi Eun Hee für das Leid, das ihnen zugefügt wurde und versichert, dass sich alle an der Entführung Beteiligten, einschließlich seiner Person, einer Selbstkritik unterzogen haben.

Ein Dutzend japanischer Familien hat weniger Glück: In den 1970er- und 1980er-Jahren entführen nordkoreanische Agenten mindestens 13 Japaner. Die Verschleppten, die ohne den Luxus auskommen müssen, wie er dem südkoreanischen Filmpaar geboten wird, haben nordkoreanischen Agentenschülern die japanische Sprache und Kultur beizubringen. Darunter befindet sich die zweifache Mutter Eun Hae, die mit ihren Kindern an einem Strand in Japan spielt und vor deren Augen verschleppt wird. Eine etliche Jahre später in Südkorea verhaftete nordkoreanische Agentin und Terroristin wird berichten, dass sie an der Keumsung-Militärhochschule von der Japanerin unterrichtet wurde.

Erst 2002 gesteht die Führung in Pjöngjang, dass die Japaner entführt wurden. Bis heute sind fünf der Gekidnappten zurückgekehrt, von den anderen gibt es keine Nachricht, laut Pjöngjang sollen sie alle gestorben sein. Eun Hae ist nicht nach Japan zurückgekehrt, über ihr Schicksal ist nichts bekannt.

Was der Führer befiehlt, ist immer, unverzüglich und ohne Widerspruch in die Tat umzusetzen. Sei der Auftrag noch so absurd, unwirtschaftlich oder schlichtweg undurchführbar: Es darf keine Kritik an den Wünschen Kim Il Sungs oder Kim Jong Ils geben. Als seien der Präsident und sein Nachfolger von gottgleicher Weisheit, obliegt den beiden die Entscheidung für nahezu alle Bauvorhaben und Projekte im Land. Von der Errichtung eines Kindergartens bis hin zur Planung eines geradezu monströs großen Landwirtschaftskombinats wird alles von den beiden Führern vorgeschlagen und abgehakt. »Gyoshi« heißt der Befehl, den Kim Il Sung ausgibt und dem unbedingt Folge zu leisten ist. »Bang Zim« ist die Order seines Sohnes, des »Lieben Führers«.

Manchmal kommt es vor, dass beide Männer in Bezug auf ein und dasselbe Projekt widersprüchliche Befehle geben, was ihre Untergebenen in schwere Konflikte stürzt: Welcher Befehl von den beiden ist wichtiger, welcher darf vernachlässigt werden? Eine Frage, die Kopf und Kragen kosten kann. Kim Jong Il gibt schließlich die Losung aus: Der Befehl, der zuerst ausgesprochen wurde, hat umgesetzt zu werden. In ganz Nordkorea gibt es unzählige bittere Beispiele der willkürlichen »Gyoshi« und »Bang Zim«, wiewohl die wenigsten Bau- und Industrieruinen für die seltenen ausländischen Besucher des Landes je sichtbar werden.

Nur an einer kommt kein Fremder vorbei: Von jedem Punkt in Pjöngjang aus zu sehen, ragt das graue Betonskelett des Ryugyong Hotels in den Himmel. Das als Pyramide angelegte Prestigeprojekt Kim Jong Ils hätte das beste, teuerste und größte Hotel der Stadt sowie einer der höchsten Wolkenkratzer der Welt werden sollen, mit 3000 Zimmern, fünf sich drehenden Restaurants und 105 Stockwerken. Doch weil der selbst ernannte Baukünstler Kim Jong Il die Bedenken der Architekten betreffend der Statik des Gebäudes nicht hören wollte, wurde es hochgezogen – so lange, bis offensichtlich wurde, dass das Gebäude nicht stabil genug war. Um das Gesicht zu wahren, wurde an der Spitze des Betonskelettes ein Kran angebracht, weshalb lästigen Fragern mit dem größten Ernst und über Jahre hinweg versichert werden konnte: »Das Hotel ist im Bau.« Seit 2008 wird mithilfe ägyptischer Baufirmen am Hotel Ryugyong weitergearbeitet.

Ähnlich verhält es sich mit dem Schwermaschinenkombinat Dae An, dessen Scheitern Kim Il Sung zu verantworten hat. Von Anfang an war die Anlage, mit der der Diktator die Überlegenheit der »sozialistischen Industrie« demonstrieren wollte, viel zu groß dimensioniert. Teure Maschinen aus aller Welt wurden angeschafft. Niemals haben sie ihre volle Leistungskraft erreicht, denn niemals gab es auch nur annähernd genug Energie, um ständig zu produzieren. Der Bankrott Dae Ans, den nordkoreanische Techniker vom Schlage Kim Jong Ryuls stets befürchtet, aber nie ausgesprochen haben, kostet das Land Hunderte Millionen Dollar. Aus denselben Gründen – ein von jeglicher Planungsrealität abgehobener Führerbefehl – geht auch das Chemiekombinat Sun Chon pleite. Einwände von Technikern und Wissenschaftlern wischt Kim Il Sung verärgert vom Tisch: Wenn er etwas befiehlt, hat es zu funktionieren. In Sun Chon passiert das nie.

Die Serie der unleistbaren, größenwahnsinnigen Projekte jenseits auch nur eines Hauches von Buchführung, markt- oder volkswirtschaftlichen Prinzipien setzt sich bis zum heutigen Tag fort. In der Provinz Süd Hwanghae möchte der »Liebe Führer« eine Monumentalfarm für 5000 Ziegen, 2300 Schweine und ebenso viele Kaninchen und Hühner errichtet sehen. Was in anderen, wirtschaftlich potenten Staaten schon auf Schwierigkeiten stoßen würde, ist in einem Land ohne ausreichende Energieversorgung und ohne Möglichkeit, die Fleischmassen richtig und schnell zu kühlen, schlicht ein Verbrechen. Die Gülle Tausender Tiere wird täglich auf die umliegenden Felder gekippt, was auf Dauer das Trinkwasser der Region verseucht.

Zumindest ohne Umweltschäden, wenngleich auch nicht gerade als ein grandioser Erfolg, endet Anfang der 1990er-Jahre der ehrgeizige Versuch Kim Jong Ils, den Mercedes 200 nachbauen zu lassen – selbstredend ohne um irgendeine Form von Genehmigung vonseiten der Firma Daimler-Benz anzufragen. Beflügelt hat den Autofan die Tatsache, dass aus Südkoreas Autoschmiede Hyundai seit Jahren anerkannte und beliebte Fahrzeuge in alle Welt geliefert werden. Wenn Südkorea Autos bauen kann, lautet fortan seine Devise, »können wir das schon lange«.

Die besten Mechaniker und Techniker des Landes werden zusammengetrommelt, Kim Jong Ryul ist unter ihnen. Von Anfang an hat der Oberst seine Zweifel, dass aus der nordkoreanischen Autofabrik Gäng Seng je ein Wagen rollen wird, der dem Prototyp des deutschen Luxuswagens auch nur ähnlich sieht. Doch Kim Jong Il treibt seine Techniker mit verbissener Eile voran. Mehrere Originalfahrzeuge werden bis zur kleinste Schraube zerlegt und jedes Teil kopiert, Pressmaschinen werden im Ausland angekauft, Techniker zeichnen, planen und konstruieren nahezu rund um die Uhr. Als Nordkoreas »Mercedes 200« schließlich der Öffentlichkeit präsentiert wird, jubelt das Volk, das von Autos nicht mehr versteht als von Mondsonden.

Kim Jong Ryul jedoch, und alle anderen Techniker, die wissen, wie ein Auto ungefähr aussehen sollte, schütteln vorsichtig den Kopf. Der in Nordkorea gängige Spruch von einer »Hundert-Meter-Schönheit« macht die Runde: Ein Mädchen, das von der Ferne hübsch aussieht, kann sich aus der Nähe betrachtet als enttäuschend hässlich herausstellen. Genauso verhält es sich mit dem nachgebauten Mercedes von Kim Jong Ils Gnaden. Aus größerer Distanz gesehen, sieht das Fahrzeug einem Mercedes ähnlich, doch aus der Nähe ist es unleugbar: Das Ding ist ein Haufen Schrott. Die Karosserie ist wellig, der Lack wirft Blasen – vom Innenleben des Fahrzeugs ganz zu schweigen ... Die Kolben, die Nockenwelle, kaum ein Teil kann die großspurigen Versprechen des MB 200 halten. Kim Jong Il lässt das blamable Machwerk bei einer Industrieausstellung zeigen und mehrere Hundert Stück davon produzieren, fährt bezeichnenderweise aber selbst keinen einzigen Meter damit. Mitglieder der Parteiführung werden schließlich mit einem der selbstgebauten Autos beglückt – ein Geschenk, das niemand ablehnen darf.

Seit Kim Jong Il nach dem Tod seines Vaters 1994 die Zügel allein in der Hand hat, zielt sein Handeln in zwei Richtungen: Da gilt es einerseits, das Vermächtnis des politischen Übervaters zu erfüllen, der, bereits tot, zum »ewigen Präsidenten« der Volksrepublik Korea gekürt wird. Niemand anderer soll je wieder die Position des Präsidenten erhalten und diesem die Einmaligkeit streitig machen. Kim Jong Il wird nach dreijähriger Trauerzeit offiziell zum

Nachfolger gekürt und übernimmt die Führung der Partei, jene des Militärs wurde ihm schon einige Jahre zuvor noch zu Lebzeiten Kim Il Sungs übertragen. Nur der Präsidentensessel bleibt leer. Was dem verordneten Jubel für den toten »Großen Führer« jedoch keinen Abbruch tut. Kein einziges Bild wurde seit seinem Ableben abgehängt, keine Statue entfernt – im Gegenteil: Noch immer sind Besucher in Pjöngjang, Ausländer, Schulklassen oder sonstige Nordkoreaner, bei einem Aufenthalt in der Hauptstadt zwingend dazu angehalten, zum Koreanischen Revolutionsmuseum zu pilgern, um dort der berühmtesten Kim-Il-Sung-Statue zu huldigen. Doch die meisten kommen freiwillig, legen zu jeder Tages- und Nachtzeit einen Blumenstrauß nieder und halten ein paar Minuten zur Andacht an den verstorbenen Führer inne. Mit nie nachlassendem Eifer hält die Propagandamaschine den Kult um Kim Il Sung lebendig, was dessen Sohn vor den Augen der Bevölkerung zugute kommt. Auch wenn dieser niemals auch nur annähernd so geliebt wird wie sein Vorgänger, schätzen die konfuzianisch geprägten Nordkoreaner doch, dass der Sohn seinen Vater bis in den Tod hinein aus ganzem Herzen ehrt.

Was die Fähigkeit betrifft, alle echten und vermeintlichen Konkurrenten ohne jeden Skrupel auszuschalten, hat sich Kim Jong Il als äußerst talentierter Schüler seines Vaters erwiesen. Mit Rücksichtslosigkeit und großem Geschick hat er es verstanden, sich an der Macht zu halten. Beide Stützen des Herrschaftssystems – Partei und Militär – reagieren nur auf eine einzige Person: Kim Jong Il. Folglich wird alles, was der »Liebe Führer« sagt oder tut, ins Unermessliche, geradezu ins Sakrale überhöht. Denn nur in den Händen dieses »Genies«, orgelt die staatliche Propaganda, liegt genug »Weisheit« und »Voraussicht«, das Land auf dem richtigen, revolutionären Kurs zu halten und eines Tages wieder mit Südkorea zu vereinigen – unter Führung Pjöngjangs, versteht sich.

9
Good bye,
Großer Führer

김 정 룰

Zu Hause in Pjöngjang hat Kim Jong Ryul mit niemandem darüber geredet. Der technische Vizedirektor in der Fuhrparkabteilung des Personenschutzministeriums weiß nicht, ob seine Kollegen von den sich überstürzenden Ereignissen außerhalb Nordkoreas etwas gehört haben. Doch er kann nicht wagen, sie darauf anzusprechen, nicht einmal seine engsten Freunde. Er selbst hat das Ungeheuerliche, das nie Erwartete während seiner Reisen nach Westeuropa in Fernsehen, Radio und Zeitungen mitverfolgt. Die unzähligen Demonstranten, die der allmächtigen SED bei ihren Montagsprotesten in Leipzig entgegenschrien:»Wir sind das Volk!« Der erzwungene Abgang von DDR-Staats- und Parteichef Erich Honecker, für den Jong Ryul einst übersetzt hatte, und schließlich gar der Fall der Berliner Mauer. Damit nicht genug: Staunend und mit wachsender Freude sieht der nordkoreanische Oberst eine kommunistische Diktatur nach der anderen im Osten Europas zusammenbrechen. Auch nur ein Wort davon zu erwähnen könnte ihn in Nordkorea allerdings auf direktem Weg ins Straflager bringen.

Ein solches Schicksal drohte dem nordkoreanischen Diplomaten Koh Young Hwan, der die lawinenartige Entwicklung in Osteuropa via Fernsehen in der Botschaft in Zaire beobachtete. Nach einer Sendung über den Prozess und die Erschießung des rumänischen Diktatorenpaares Ceauscescu ließ Koh sich zur unvorsichtigen Bemerkung hinreißen:»Ich hoffe, dass in unserem Land nichts Ähnliches geschieht.« In Pjöngjang, das sofort Kunde vom Gesagten erhielt, wurde dies als ein Beweis für den eklatanten Mangel an Vertrauen in die Führung gewertet. Einige Tage nach diesem verhängnisvollen Satz trafen Agenten der nordkoreanischen Staatssicherheit in Zaire ein, woraufhin sich der Diplomat gerade noch rechtzeitig in eine andere Botschaft absetzte und um Asyl ansuchte.

Kim Jong Ryul würde sich nie gestatten, derart unbedacht zu handeln. Selbst als eines Tages im Jänner 1990 sein in der DDR studierender Sohn völlig unerwartet in Pjöngjang in der Wohnung steht, ist von ihm kein Wort des Zorns, nicht einmal des Staunens zu hören. Obwohl er unmittelbar vor dem Ende seines Studiums der Datentechnik steht, ist der Junge plötzlich wieder da. Sein Vater ahnt sofort warum: Nach dem Kollaps der kommunistischen Regime in Osteuropa kann Pjöngjang nicht riskieren, seine Studenten dort zu lassen und dem Virus der Freidenkerei auszusetzen. In einer Nacht-und-Nebel-Aktion pfeift die Partei alle jungen Männer und Frauen in den betroffenen Staaten zusammen. Alle haben unverzüglich mitzukommen und werden, zurück in Pjöngjang, einem mehrwöchigen »Umschulungskurs«, sprich einer Gehirnwäsche unter strengem militärischem Drill unterzogen. So soll sichergestellt werden, dass keiner der Studenten auch nur daran denkt, auf die Seite der »Imperialisten« zu wechseln.

Es ist der Moment, in dem er seinen Sohn umarmt, als Kim Jong Ryul im Grunde seines Herzens weiß, dass sich in Nordkorea nichts ändern wird, auch wenn die anderen kommunistischen Systeme dieser Welt kollabiert oder zumindest schwer ins Wanken geraten sind. Als würde sich alles unentwegt im Kreis drehen, jede verhängnisvolle Entwicklung wieder und wieder von vorne beginnen: Wie sein Sohn jetzt war Jong Ryul selbst vor fast 30 Jahren aus der DDR heimgezwungen worden. Beiden, Vater und Sohn, wird das ehrenvolle, offizielle Ende ihres Studiums verwehrt, beide müssen stattdessen demütigende Ideologiekurse über sich ergehen lassen und dürfen froh sein, wenn sie nach ihrer unfreiwilligen Rückkehr nicht im Gefängnis landen.

Auf bald fünf Jahrzehnte Kommunismus in Nordkorea zurückblickend, zieht der auf die 60 Jahre zugehende Oberst bittere Bilanz: All seine persönlichen Leistungen und Bemühungen zählen nichts, wenn nicht die Partei sie zu solchen erklärt. Wissen und Erfahrungen von Experten werden negiert, zuweilen sogar bekämpft, wenn Diktator Kim Il Sung und sein Sohn Kim Jong Il ihre selbstherrlichen und beratungsresistenten Entscheidungen treffen. Ihre Politik steuert das Land in den Untergang. Von den Idealen des Kommunismus, denen Kim Jong Ryul nach wie vor anhängt, ist im »Arbeiterparadies« Nordkorea nichts mehr zu spüren. Während einer seiner Geschäftsreisen, die den Einkäufer nach dem Mauerfall nach Deutschland führen, stattet er Trier einen Besuch ab. Hier, in der Geburtsstadt von Karl Heinrich Marx, überzeugt sich der gläubige Marxist Jong Ryul einmal mehr davon, dass »die Idee einer klassenlosen Gesellschaft richtig ist, dass sie aber niemals verwirklicht wurde, und schon gar nicht in Nordkorea«. Denn statt in Richtung einer Gesellschaft, in der alle gleichmäßig am Wohlstand teilhaben, hat sich das Land in eine menschenverachtende Diktatur verwandelt, wo die Herrschenden und Besitzenden die Masse der Armen knechten.

Für ihn selbst, ahnt der Oberst, wird die Zukunft nur noch Schlimmeres bringen. An dem Tag, an dem er in Pension geschickt wird, ist er mit einem Schlag alle seine Privilegien los: Keine Auslandsreisen mehr, kein Zugang zu Devisen und damit kein Zugang mehr zu genügend Lebensmitteln. Doch was er am meisten fürchtet, ist die totale Ausgeliefertheit an die Partei, die den pensionierten Parteigenossen jegliches Privatleben verweigert. Austritte aus der Partei sind grundsätzlich unmöglich. »Alle Parteigenossen müssen bis zum Sterben ein politisches Leben führen«, lautet die Vorgabe des Diktators Kim Il Sung, der postuliert: »Wer nur isst, ist ein Tier, nicht besser als ein Schwein, als ein Hund.« Für Rentner bedeutet dies, im Auftrag der Partei die Straßen zu fegen, Altmetalle zu sammeln, auf noch mehr Parteizellenversammlungen zu gehen als vorher, noch mehr Juche-Lobpreisungen auswendig zu lernen, noch mehr Selbstkritik zu üben, auf noch mehr Paraden zu klatschen und den Diktator noch öfter zu bejubeln.

Besonders grauenvoll erscheint Kim Jong Ryul der Gedanke, dass er als Rentner der Parteizellensekretärin seines Wohnblocks täglich Bericht erstatten muss. Diese jungen, für jeweils 20 bis 30 Familien verantwortlichen Parteiaktivisten sind meist grobschlächtige Fanatiker, die für intellektuelle Verdienste der Bewohner ihres Areals nur Verachtung übrig haben. Jong Ryul versetzt die Befürchtung, dass er auf Befehl dieser rüden Person »Hurra« schreien oder sich selbst eines Vergehens bezichtigen muss, regelrecht in Ekel. Nichts in seinem Leben, so scheint es ihm, wird demütigender sein, als vor dieser willigen Parteisklavin in die Knie gehen zu müssen.

Eine Möglichkeit, diesem drohenden Szenario zu entgehen, wäre, Pjöngjang zu verlassen und mit seiner Frau in sein Heimatdorf in den Norden des Landes zu ziehen. Dort, so die Hoffnung Kim Jong Ryuls, halten nicht besessene junge Parteimitglieder die täglichen Zellenversammlungen ab, sondern Bauern, die es mit den Forderungen der Partei nicht allzu genau nehmen. Diese Aussicht scheint dem Oberst, der mit Pensionsantritt auch seine Armeeuniform abgeben muss, erträglicher, auch wenn das Leben im Dorf noch immer hart und die Lebensmittelversorgung schlecht ist.

Die Entscheidung, ob das ältere Ehepaar Pjöngjang verlassen und ins Dorf ziehen darf, liegt allerdings bei der Partei: Der Staat bestimmt darüber, wer wo wohnt, der begehrte Zuzug in die Hauptstadt ist streng reglementiert. Nur die Privilegierten dürfen hierher, ins Zentrum des Geschehens und der Macht, nur die treuesten Parteidiener und Nordkoreaner, deren Arbeit hier unerlässlich ist. Zu verschwinden haben hingegen diejenigen, die das Bild einer »idealen Gesellschaft« stören. Behinderte werden an abgelegene Orte deportiert, meistens in Bergregionen oder auf Inseln im Gelben Meer. Auch Zwergwüchsige werden systematisch aufgespürt, verhaftet und in Lager eingewiesen. Sie werden daran gehindert, Kinder zu bekommen, wofür der selbst nicht gerade groß gewachsene Kim Jong Il den Befehl gab: »Die Rasse der Zwerge muss verschwinden.«

Wer deportierte Familienmitglieder in anderen Landesteilen besuchen möchte, braucht eine Genehmigung, so wie jeder Nordkoreaner, der sich von einem Ort zum anderen begeben will. Mit Argusaugen wacht die Partei über jede Bewegung der Menschen, ohne entsprechende Bewilligung darf niemand seinen Wohnort verlassen – zu welchem Zwecke auch immer. Wenn Jong Ryuls Neffe aus dem Dorf nach Pjöngjang kommt, muss er sich von der lokalen Polizei einen Stempel holen, Onkel Jong Ryul wiederum muss von der Polizei in Pjöngjang die Bewilligung erbitten, dass sein Neffe bei ihm übernachten darf. Auch für jede Dienstreise im Land braucht der Oberst einen Passierschein. Aus Pjöngjang, an dessen Stadtgrenzen bewaffnete Militärposten stehen, käme selbst der Offizier ohne polizeiliche Genehmigung nicht hinaus.

Riesige Boulevards, monumentale Gebäude und imposante Plätze vermitteln in der Hauptstadt Pjöngjang den Eindruck exakt geplanter Ordnung. Kein Knöllchen Papier liegt auf den gefegten Straßen, keine Gedränge, nur hin und wieder ein vorbeifahrendes Auto, keine Spur von Chaos, Geschrei oder Schmutz wie es in vielen anderen asiatischen Millionenstädten der Fall ist. Die gesamte Szenerie erscheint unwirklich, das ungewöhnlichste Geräusch in der Innenstadt Pjöngjangs sind die Schritte der Fußgänger. Eine bleierne Wolke der Freudlosigkeit liegt über der Stadt, deren Bewohner sich keine spontanen Gesten leisten dürfen, keine unüberlegten Schritte, keine gefährlichen Sätze, keine Regung, die den Argwohn des Staatsapparates erregen könnte.

Alle haben Angst – die Menschen vor dem Gulag, der Staat vor seiner Bevölkerung. Auf das Eindringen winzigster Spuren aus dem Ausland reagiert der Staat geradezu hysterisch. Anfang 1993 etwa wird Kim Jong Ryul, unterwegs zu einem Kombinat im Norden des Landes, Zeuge einer hektischen militärischen Suchaktion. Auch der Oberst wird auf seiner Reise angehalten und untersucht. Eine ganze Einheit wird mobilisiert, um das umliegende Gelände

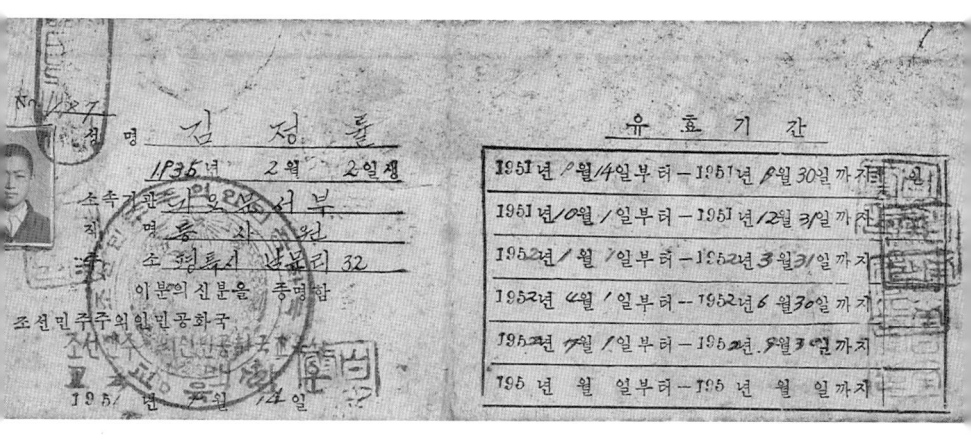

Kim Jong Ryuls erster Ausweis. Der Jugendliche arbeitete damals als Drucker in einem Ministerium in Pjöngjang.

Von 1955 bis 1962 studierte Kim Jong Ryul in der DDR: Als junger Student
(oben) und mit zwei deutschen Studienkollegen (unten).

Kim Jong Ryul in der Uniform der
nordkoreanischen Armee.

이름 김 정 률

본인수표
Signature of the bearer
Signature du titulaire

려권유효기간 5 (오) 년간
19 년 5 월 5 일
시
위임에 의하여

»Emils« offizieller Diplomatenpass, der ihm seine
internationalen Reisen ermöglichte.

Familienfoto Anfang der 1990er-Jahre in Pjöngjang.

Vater und Sohn treffen einander 1988 während
einer Geschäftsreise »Emils« in Ostberlin.

Kim Jong Ryul pflegt internationale Kontakte zu europäischen und koreanischen Geschäftspartnern.

Am 18. 10. 1994 – dem Tag seiner Flucht – am Flughafen in Bratislava.

Das erste Foto in der Freiheit. Selbstporträt des Untergetauchten am Tag der Ankunft in der Linzer Wohnung.

Weihnachten als »U-Boot«: Tirolerhut und österreichisches Fernsehen.

Porträtaufnahme aus dem Jahr 1994.

auf der Suche nach den »Spionen« zu durchkämmen. Anlass für die Großaktion: Eine Zigarettenschachtel war im Wald gefunden worden. Marke Marlboro.

Schon Jahre zuvor, als er noch im Kombinat nahe Hamhung arbeitete, erlebte Kim Jong Ryul mit, dass Nordkorea auch den schwächsten Mitgliedern seiner Gesellschaft nicht den geringsten Fehler verzeiht. Einer seiner Arbeiter war damals ein junger, geistig leicht behinderter Mann gewesen, dessen Aufgabe es war, Gussstücke mit einem Hammer zu zerschlagen. Von allen belächelt, hatte er den Spitznamen »die Ecke« erhalten, weil er nicht gerade gehen konnte, sondern zwanghaft immer Ecken schlug. Der Mann galt als harmlos und politisch völlig uninteressiert, bis er eines Tages, während er mit dem Hammer auf sein Material eindrosch, vor sich hin murmelte:»Nieder mit Kim Il Sung, nieder mit Kim Il Sung.« Am nächsten Tag war er verschwunden. Von ihm wurde nie wieder etwas gehört. Sich bei der örtlichen Parteiführung nach der »Ecke« zu erkundigen, hätte auch seinem Vorgesetzten Kim Jong Ryul gefährlich werden können.

Im angstverpesteten Klima alles durchdringender geistiger Kontrolle und totaler Überwachung konnte bisher kein politischer Widerstand entstehen. Jedes Pflänzchen von Opposition wird im Keim erstickt. Innerhalb der Militärführung soll es einmal zu einer Art Aufstand gegen Kim Jong Il gekommen sein, doch mehr als unbestätigte Gerüchte drangen nie nach außen. Sollte der Aufruhr tatsächlich stattgefunden haben, darf mit Fug und Recht behauptet werden, dass keiner der Beteiligten die folgenden Straf- und Säuberungsaktionen überlebt hat. Heute gilt das Militär als die wichtigste Stütze Kim Jong Ils. An allen Schlüsselstellen sitzen treue Gefolgsleute des Obersten Befehlshabers. Generäle, die einst seinem Vater treu gedient hatten, wurden durch bedingungslos loyale Anhänger Kim Jong Ils ersetzt.

Für potenzielle Regimekritiker ist es schwierig bis unmöglich,

Gleichgesinnte zu erreichen. Telefone werden abgehört, Computer besitzen nur die Privilegiertesten und Papier ist rationiert. Wer in Nordkorea etwas kopieren will, muss zu seinem Vorgesetzten gehen, um Papier bitten und erklären, wie viel Blatt er für welchen Zweck benötigt. Flugblätter lassen sich auf diese Weise nicht produzieren.

Die Bevölkerung hat Angst vor dem Schrecklichsten, was die Volksrepublik zu bieten hat – den Gulags. Auf Satellitenfotos und aufgrund von Berichten von Überläufern haben internationale Menschenrechtsorganisationen herausgefunden, dass zwischen sechs und acht Hauptlager, überwiegend in den Bergregionen im Nordosten des Landes, existieren. Dazu kommen Dutzende kleinerer Nebenlager, die über das ganze Land verteilt sind. Insgesamt, so schätzt das US Committee for Human Rights in North Korea, leben heute zwischen 150.000 und 200.000 Menschen unter den elendsten Bedingungen in den Lagern, die sich zuweilen über mehrere, streng voneinander abgeschirmte Dörfer erstrecken und bis zu 50.000 Insassen zählen. Das vermutlich größte davon, Yodok, auch Camp Nr. 15 genannt, hat verschiedene Bereiche. Dörfer, deren »Bewohner« nach Jahren der Zwangsarbeit und ideologischen Umerziehung darauf hoffen können, eines Tages wieder rauszudürfen. Und andere Orte, deren Insassen lebenslange Strafen erhalten haben und wo sich das Regime erst gar nicht die Mühe macht, die Verurteilten in »Kim-Il-Sungismus« nachzuschulen. Sie werden das Lager ohnehin nicht mehr lebend verlassen.

Der heute in Seoul lebende Journalist Kang Chol Hwang ist einer der wenigen Nordkoreaner, die Zeugnis von den staatlich verübten Verbrechen in Yodok ablegen können. Als Elfjähriger war er 1977 zusammen mit seiner Familie ins Lager deportiert worden. Sein »Vergehen« war es, der Enkel eines Mannes zu sein, der seine Kritik an der Regierung in Pjöngjang ein wenig zu laut geäußert hatte. Die gesamte Familie büßte bitter dafür: Von der Großmutter bis zum Enkelsohn wurden alle zur Zwangsarbeit verpflichtet.

Wie alle Gefangenen schufteten sie, meist von fünf Uhr morgens bis Mitternacht auf Maisfeldern, in der Schnapsbrennerei, in Minen. Kinder »durften« zwischendurch eine Schule besuchen, deren Zweck hauptsächlich darin bestand, sie im Sinne der Juche-Ideologie und zu gebührender Liebe für den Führer zu erziehen. Die Insassen des Lagers waren chronisch unterernährt, zu essen gab es fast nichts außer Maisbrei. In ihrer Not fingen die Verzweifelten Frösche, Ratten und Regenwürmer, aßen Gräser und Rinde. Mit der Zeit fingen die Menschen an zu verfallen: Die Zähne fielen ihnen aus, ihre Knochen brachen, bei jeder Infektion oder Verletzung drohte der Tod. Die Gefangenen erhielten nur alle paar Jahre neues Gewand. Was sie trugen, fiel ihnen irgendwann zerfetzt und stinkend buchstäblich vom Leib. In den Fabriken der Lager, wo Jacken, Taschen, Gürtel, Pistolenhalter und Papierblumen hergestellt werden, hatten die Insassen Quoten zu erfüllen. Gelang ihnen das nicht, wurde ihre Essensration auf 300 Gramm Mais pro Tag gekürzt. Mit derart wenig Nahrung war ein Gefangener meist binnen drei Monaten verhungert.

Jeder Ausbruchsversuch wurde mit dem Tod bestraft, wobei andere Lagerinsassen zur Abschreckung bei den Hinrichtungen zusehen mussten. Kang erlebte während seiner zehnjährigen Gefangenschaft 15 Exekutionen mit. Den Mitgefangenen wurde anschließend befohlen, die Toten mit Steinen zu bewerfen und zu schreien: »Nieder mit den Verrätern des Volkes!«

Mit den Berichten des ehemaligen Gefangenen Kang, dem es nach seiner Freilassung gelang, aus Nordkorea zu fliehen, decken sich die Schilderungen eines ehemaligen Gefängniswärters von Camp 22, einem Lager nahe der chinesischen Grenze. Auch dort, so berichtet der heute in Seoul lebende An Myeoung Chul, sind die Lagerinsassen jeder Art von willkürlicher Gewalt, Demütigung, Folter oder Vergewaltigung durch die Aufseher ausgesetzt. »Wir wurden dazu gezwungen, die Gefangenen wie Tiere anzusehen.« Ein Prämiensystem, das Wärter belohnte, wenn sie Gefangene beim Fluchtversuch erschossen, führte dazu, dass die Zahl der Erschießungen in den Lagern so stark zunahm, dass die Belohnungen wieder eingestellt werden mussten. Auch Hinrichtungen werden mittlerweile nicht mehr öffentlich durchgeführt, weil sich die Gefangenen an die Exekutionen bereits so sehr gewöhnt hatten, dass diese sie zum Aufruhr aufstachelten.

Wer das Glück hat, die Jahre im Lager zu überleben, muss wie Kang ein Schriftstück unterzeichnen, in dem man versichert, nichts von dem, was man gesehen, gehört und erlebt hat, je nach außen zu tragen. Jedes Wort kann die Rückkehr an den Ort des Schreckens bedeuten. Dennoch weiß in Nordkorea jeder von der Existenz der Lager – auch wenn die Führung in Pjöngjang kategorisch leugnet, dass es die Camps gibt.

Oft erfahren die Verhafteten spät oder überhaupt nie, welches »Verbrechen« sie in die Hölle der Lager führte. Die ehemalige Tänzerin Kim Young Soon ist eine von ihnen. Sie wurde in den 1970er-Jahren eingesperrt, ihre Familie ebenfalls ins Lager deportiert. Im Lager Yodok verbrachte sie acht Jahre und musste miterleben, wie ihre Eltern verhungerten und ihr ältester Sohn starb. Erst zehn Jahre nach ihrer Entlassung wurden ihr von einem Polizeioffizier die Gründe für ihre Verhaftung mitgeteilt: Sie sei eine Freundin von Kim Jong Ils langjähriger Geliebten Sung Hae Rim gewesen. Und nie wieder würde ihr »verziehen« werden, wenn der Partei noch einmal zu Ohren komme, dass sie über den »Lieben Führer« Gerüchte verbreite. Kim Young Soon, deren Mann und jüngster Sohn später beim Versuch, über die chinesische Grenze zu fliehen, erschossen wurden, lebt heute in der südkoreanischen Hauptstadt Seoul.

Mit Beginn der Hungerkatastrophe Anfang der 1990er-Jahre setzt in Nordkorea eine Entwicklung ein, die sich bis zum heutigen Tag in immer größerem Ausmaß fortsetzt: Menschen fliehen nach China. Dort ist die Grenze nicht mehr hermetisch geschlossen, seit Diktator Mao gestorben ist und sein Nachfolger Deng Xiao Ping in

Peking das Steuer übernommen hat. Zuerst sind es nur die Verzweifeltesten auf der Suche nach Nahrung für sich und ihre Familien, die schon dem Tod Nahen, die verhungern würden, wenn sie weiterhin im Land blieben. Doch in den folgenden Monaten und Jahren werden es immer mehr, die sich über den Yalu-Fluss nach China retten. Und obwohl die chinesischen Behörden viele der ungebetenen Ankömmlinge aufgreifen und wieder nach Nordkorea abschieben – wo diese Schläge, Folter und Haftstrafe erwarten –, gelingt es über die Jahre doch weit über hunderttausend Koreanern, sich nach China abzusetzen.

Auch Kim Jong Ryul, dessen Familie dank seiner Devisen inmitten der sich dramatisch verschlechternden Versorgungslage nicht hungern muss, denkt, die baldige Pensionierung vor Augen, zum ersten Mal an Flucht. Zumindest so lange will er das Land verlassen, bis das Regime Kim Il Sungs und Kim Jong Ils zusammengebrochen ist. Und es wird bald kollabieren, so wie eine kommunistische Herrschaft nach der anderen in Osteuropa gestürzt ist, da ist er sich sicher. Schließlich ist sogar die einst so mächtige Sowjetunion implodiert. Nur: Wohin soll er gehen? USA, Südkorea, Deutschland, Österreich? Und wie soll er es anstellen, dass seine Familie für seinen Schritt nicht zu büßen hat? Außerdem ist es alles andere als sicher, dass der Oberst, auch wenn er zuletzt mindestens drei oder vier Mal pro Jahr nach Westeuropa geschickt wurde, bald wieder einen Einkaufsauftrag der Partei und damit die Möglichkeit für einen Absprung erhält.

Ohne zu wissen, wann der Tag kommen mag oder ob er überhaupt je kommen würde, beginnt Jong Ryul sich vorzubereiten. Wenn der Moment kommt, will er bereit sein. Sofort. Jedes verdächtige Stück Papier muss aus seinem Büro verschwinden, Fotos seiner Familie nimmt er mit nach Hause, Spind und Schreibtisch müssen in bester Ordnung sein. Denn in dem Moment, in dem die Staatssicherheit Kim Jongs Ryuls Verschwinden gewahr werden wird, wird die Geheimpolizei jeden Quadratzentimeter seines Büros auseinandernehmen. Alles muss also so normal wie möglich aussehen, als wäre Kim Jong Ryul nur zu einer seiner Reisen aufgebrochen – und dann im Ausland verunglückt. Ohne sich auch nur einen Hauch von Unruhe anmerken zu lassen, beginnt sich in seinem Kopf alles nur noch um eines zu drehen: Flucht. Jeder Handgriff in seinem Büro, jeder Morgen im Bus zum Ministerium, jeder militärische Frühappell im Hof des Gebäudes – alles rückt in der Wahrnehmung des Obersts bereits seltsam weit weg. Da ist der pflichtbewusste Genosse Kim Jong Ryul, der seine Aufträge wie immer treu und korrekt erfüllt, Ehemann und Familienvater, der seine Liebsten umsorgt, und dort ist der Mann, der sein zweites, geheimes Leben lebt. Eines des geplanten Ausbruches. Nacht für Nacht liegt er wach. Plant und verwirft Ideen, wie er endlich die Freiheit erlangen könnte. Geht im Geiste wieder und wieder alle Fragen durch: Sieht im Büro alles aus wie immer? Ist jedes eventuell verdächtige Stück Kleidung, jedes verräterische Kleinod aus dem Raum entfernt?

Der 58-jährige Vize-Direktor der Fuhrparkabteilung im Personenschutzministerium hat seine Vorbereitungen schon lange abgeschlossen, als eines Oktobertages der Befehl aus dem Zentralkomitee kommt: Sofort erscheinen! Dort empfängt ihn der Parteisekretär, der sich für die Erlaubnisbewilligung von Jong Ryuls Auslandsreisen schon bisher reichlich hat belohnen lassen. »Für den Erhalt der Freundschaft« hat der Oberst zuletzt Brillen und Fotoapparate mitgebracht. Sogar 10 Gramm Zahngold, das er aus eigener Tasche zu berappen hatte, hat Kim Jong Ryul zuletzt abgeliefert. Diesmal verlangt der Parteikader ein Hörgerät, Seide für seine Frau und noch vieles mehr, was Jong Ryul freundlich abnickt und notiert. Mag er doch diktieren, so viel er will, grinst der Oberst in sich hinein, ich schreibe alles auf, und er wird nichts davon bekommen. Denn ich komme nicht mehr zurück.

Wieder lautet der Zielort Wien. Auftrag ist abermals, eine lange Liste georderter Güter zu besorgen, darunter zwei Feuerwehrautos. Mit Delegationsleiter Kim Jong Ryul werden zwei jüngere Techniker reisen, beide sind Experten für Metalldetektoren. Mit Leib und Leben wird der Oberst persönlich dafür haften, dass die beiden Mitreisenden, die bisher noch nie im Ausland waren, den »Gefahren« des kapitalistischen Westens nicht zum Opfer fallen. Würde einer der beiden nicht zurückkehren, wäre eine jahrelange Gefängnisstrafe für den Leiter der kleinen Gruppe die unausweichliche Folge.

Als Abflugsdatum wird der 28. Oktober 1993 festgelegt. Die Zeit ist knapp bemessen, der Oberst hat noch eine Serie von Treffen mit Technikern zu absolvieren, die präzisieren, welche Geräte zu kaufen und worauf zu achten ist. In der letzten Nacht vor seiner Abreise liegt er wieder wach. Wie lange wird er fort sein? Wann wird er seine Frau, seine Kinder, seinen Enkelsohn wiedersehen? Werden sie ihn vermissen? Und er spürt tiefe Traurigkeit in sich aufsteigen. Er, der sich selbst als »harten Menschen« bezeichnet, fühlt Bedauern. Dass er so oft nicht zu Hause war. Dass er seine Frau und seine beiden Kinder so oft allein lassen musste. Dass er nun endgültig fortgehen wird. Ob seine Frau Verständnis für seinen Schritt haben würde? Kim Jong Ryul, seit fast 30 Jahren mit Hyon Gil Nam verheiratet, weiß es nicht, er kann es nicht wagen, mit der Mutter seiner beiden Kinder über den geplanten Hochverrat zu sprechen. Zum ihrem Schutz und zu seinem.

Zwei schwarze Eskortwagen stehen schon in den frühen Morgenstunden dieses eiskalten Oktobertages vor dem Hochhaus, in dem Jong Ryul mit Frau, Kindern, Schwiegertochter und Enkelkind in einem Apartment wohnt. Als ahnten sie, dass dies ein besonderer Abschied würde, steigen sie alle in die beiden Autos und fahren mit zum Flughafen. Nie zuvor hat ihm seine Frau in der Abflughalle nachgewinkt, nie zuvor hat ihn sein Sohn vor dem Abflug umarmt. Und Jong Ryul, gerührt und ein wenig traurig, fragt sich:

»Wissen sie etwas?« Unmöglich – mit keiner Silbe hat er angedeutet, was er vorhat, zumal er immer noch nicht weiß, wie er seine Flucht bewerkstelligen soll, ohne seine Familie zu gefährden.

Flankiert von seinen beiden Mitarbeitern weiß Kim Jong Ryul, als er die Treppen zur koreanischen Iljuschin hochsteigt, nur eines: »Ich komme für lange Zeit nicht mehr zurück.«

In Wien angekommen, ist für das dreiköpfige Einkaufsteam bald absehbar: Bis alle Aufträge erledigt und die bestellten Waren eingetroffen sind, werden Monate vergehen. Grund dafür ist vor allem die zunehmende Devisenknappheit Nordkoreas. Zwischenhändler sowie Produzenten bestehen, um auf Nummer sicher zu gehen, auf Barzahlung der nordkoreanischen Kunden, die meisten Firmen verlangen darüber hinaus eine Anzahlung noch vor Fertigungsbeginn. Doch bis die erwarteten Summen über den Umweg über asiatische Banken von Pjöngjang nach Wien überwiesen werden, vergehen Wochen bis Monate.

Für Kim Jong Ryuls Fluchtpläne bildet diese Tatsache ein willkommenes Zeitfenster.

Der Aufenthalt beginnt sich bereits derartig in die Länge zu ziehen, dass die überbelegte nordkoreanische Botschaft in der Beckmanngasse die Nachricht mit einer gewissen Erleichterung aufnimmt, dass die drei Techniker in eine kleine Wohnung in den 11. Wiener Gemeindebezirk ziehen wollen. Die Bedenken der Diplomaten, wer die Kosten für diese Wohnung tragen wird, kann Kim Jong Ryul leicht zerstreuen: Ein österreichischer Geschäftsmann mit besten Beziehungen zur Botschaft und zum Land wird dafür aufkommen. Die je 50 Schilling Tagesdiät, die die drei Männer vom nordkoreanischen Finanzamt erhalten, haben sie freilich weiterhin an die Botschaft abzuliefern, allein schon deshalb, weil sie sich so oft wie möglich in der Beckmanngasse blicken zu lassen haben und auch regelmäßig hier essen.

In ihrer kleinen Zweizimmerwohnung in der Paul-Heyse-Gasse

bekommen Kim Jong Ryuls Mitarbeiter erstmals mit, wie sich Freiheit anfühlt. Sie können in dem unfassbar ausgestatteten Supermarkt einkaufen, selber kochen und fernsehen – was freilich nur der Deutsch sprechende Jong Ryul nutzen kann. Viel mehr als ihren weit gereisten Delegationsleiter bringen die zwei jungen Techniker die schier unerschöpfliche Warenwelt des Westens, die prächtigen Häuser und die pulsierende Stadt ins Schwärmen. »Es ist so wunderbar!«, begeistern sie sich und halten sich dabei doch eisern an den strengen, unausgesprochenen Kodex: Niemals und vor allem kein einziges schlechtes Wort über Nordkorea verlieren. Sechs Monate leben die drei Männer rund um die Uhr in der fremden Stadt zusammen, ohne sich jemals über ihre Heimat zu unterhalten. Keiner sagt, was er wirklich denkt, und schon gar nicht Jong Ryul, der bereits an seinem Fluchtplan arbeitet und nicht riskieren kann, seine Optionen mit einer unbedachten Geste zunichte zu machen.

Als sich im Sommer noch immer nicht abzeichnet, dass die beiden in Linz bestellten Feuerwehrautos bezahlt und somit geliefert werden können, erhalten Jong Ryuls Mitreisende die Erlaubnis, für drei Wochen heim zu ihren Familien zu fahren. Der Oberst aber hat in Wien zu bleiben, lautet der ihm äußerst genehme Befehl. Auf eine Gelegenheit wie diese hat Jong Ryul stets gehofft. Ohne von jemandem beaufsichtigt oder begleitet zu werden, kann der zum Absprung entschlossene Mann jetzt ein Konto bei einer kleinen österreichischen Bank eröffnen, eine winzige Fluchtwohnung in Linz anmieten und alle weiteren Vorbereitungen für jenen Tag, vermutlich im Herbst, treffen, an dem es für die ganze Delegation wieder heißen würde: heimfliegen.

Mitten in die hektischen Planungen platzt die Nachricht: Nordkoreas Diktator Kim Il Sung ist plötzlich im Alter von 82 Jahren an Herzversagen gestorben, was den allein in Wien wartenden Oberst in seiner Entschlossenheit nur noch bestärkt: Jetzt erst recht wird er die Gelegenheit ergreifen und fliehen. Kim Jong Ryul ist überzeugt: »Jetzt wird es nicht mehr lange dauern, bis es in Nordkorea zur Wende kommt.« Nachdem der übermächtige »Große Führer« tot sei, würde das System der Diktatur in sich zusammenbrechen, sein schwächlicher Sohn Kim Jong Il würde die nordkoreanische Erbpacht kaum wie sein Vater verwalten und am Leben halten können.

Als seine beiden Kollegen drei Wochen später wieder in Wien eintreffen, berichten sie von einem Land in Schock und Trauer. Für viele Nordkoreaner ist der plötzliche Tod ihres Staatsgründers ein Trauma. In ihren Augen war es Kim Il Sung, der sie aus den Ruinen des Krieges in eine stolz verteidigte Souveränität führte. Der das Land vor den »Klauen des imperialistischen Feindes bewahrte« und den Sozialismus koreanischer Prägung zur Schaffung einer besseren und gerechteren Gesellschaft, wenn auch unter großen Opfern, vorantrieb. Als die Nachricht vom Tod des Diktators publik wird, brechen manche Menschen weinend auf der Straße zusammen, andere erstarren in Angst vor dem, was kommen wird, zumal sie ihr »Übervater« nicht mehr zu beschützen vermag.

Unter Tränen schildern auch die beiden nach Wien zurückgeflogenen Techniker ihrem Delegationsleiter ihren Schmerz, bitterer Kummer scheint auch Kim Jong Ryuls Gesicht zu überziehen. Ein Nordkoreaner, der angesichts dieses übergroßen Verlustes nicht weint, kann nur ein Verräter sein, und so zwingt sich der Oberst zu Tränen, so gut er kann: Er bemüht sich, Trauer zu heischen, obwohl er doch froh ist wie selten zuvor in seinem Leben. Von nun an gibt es kein Zurück mehr, in jeder freien Minute, die er ohne Begleitung der beiden jüngeren Männer verbringen kann, gilt es, das Allernötigste für die Zeit danach zu organisieren. Sein geheimes Bankkonto füllt sich langsam: Jeden Schilling an Provision, den der nordkoreanische Barzahler für seine großen Geschäfte erhalten hat, leitet er seit einigen Monaten auf sein privates Depot um. Es ist kein Vermögen, das sich auf diese Weise sammelt, doch Jong Ryul hofft: Es wird für die kommenden Jahre reichen, wenn er sparsam lebt. Es wird reichen müssen – eine andere Möglichkeit gibt es nicht.

Der nötige Hausrat in Jong Ryuls Fluchtwohnung muss besorgt werden, vom Kochtopf bis zum funktionierenden Gasanschluss hat ab dem ersten Moment seines Untertauchens alles Lebensnotwendige da zu sein und zu funktionieren. Lebensmittel, Kleidung, ein paar Medikamente, nicht die winzigste Kleinigkeit darf der zum Absprung entschlossene Systemflüchtling vergessen, um zumindest in den ersten Wochen nach seinem Abtauchen von jedweder Bildfläche zu verschwinden. Denn sie werden nach ihm suchen. So viel weiß das Parteimitglied Kim Jong Ryul, Oberst der nordkoreanischen Armee und Vize-Direktor der Fuhrparkabteilung im Personenschutzministerium. Das Regime verzeiht nie, und ihm, einem Günstling des herrschenden Systems, schon gar nicht. Agenten des nordkoreanischen Geheimdienstes werden ausschwärmen und nach ihm fahnden. Finden sie ihn, droht dem Verräter die sofortige Exekution oder der erzwungene Heimtransport, wobei die Agenten viel Fantasie walten lassen. Gerüchte, wie die Jäger des Geheimdienstes vor wenigen Jahren einen abtrünnigen nordkoreanischen Diplomaten einfingen, schwirren Jong Ryul durch den Kopf: Der untreue Staatsdiener, der von einem afrikanischen Land aus abgesprungen war, wurde rasch aufgespürt. Die Agenten gipsten ihre »Beute« von Kopf bis zu den Zehen ein und transportieren das vermeintlich bedauernswerte Unfallopfer mit größter Umsicht in seine Heimat, wo er umgehend in ein Straflager für Lebenslängliche kam.

Kim Jong Ryul sieht nur einen Weg, den Fängen seiner Jäger zu entgehen. Er muss untertauchen, wochen-, monate-, vielleicht jahrelang. Möglichst niemand darf ihn sehen. Er will nur in dringendsten Fällen seine Wohnung verlassen, und das an einem Ort, wo ihn kein nordkoreanischer Agent jemals vermuten würde: fern von Wien, Prag, Budapest, in einer winzigen Bleibe in einem Vorort von Linz.

Gegen Ende des Sommers füllen sich die Lager mit den für Pjöngjang gekauften Waren, im Oktober werden auch die bestellten Feuerwehrautos lieferfertig sein. Damit rückt der Tag der Abreise näher, für den 18. Oktober wird eine nordkoreanische Iljuschin geordert. Die Transportmaschine soll von Bratislava aus mit Kim Jong Ryul und den beiden jungen Delegationsmitgliedern an Bord den Heimflug antreten. Mit geradezu pedantischem Eifer treibt der Chef-Einkäufer seine Mitarbeiter an, die Waren noch einmal zu kontrollieren, die Listen noch einmal zu überprüfen, darauf zu achten, dass jede Kleinigkeit des Auftrages zur hundertprozentigen Zufriedenheit der Partei erledigt ist. »Nur jetzt keine Fehler machen«, weiß Jong Ryul. Nichts darf anders sein als bei seinen früheren Einkaufstouren. Die Mitarbeiter der nordkoreanischen Botschaft sollen sehen, wie unermüdlich, treu ergeben und pflichtbewusst die drei Männer ihren Auftrag erfüllen.

Genauso wichtig wie die abgehakte Einkaufsliste ist die mannsgroße Schachtel, die sich Delegationsleiter Kim Jong Ryul schon bei seiner Ankunft in Wien besorgt hat. Darin deponiert er all die Mitbringsel, mit denen gewöhnlich Parteimitglieder, Beamte und andere Freunde und Bekannte beschenkt werden sollen oder müssen. Über die Monate hat sie sich, für seine Mitbewohner gut sichtbar, mit Geschenken aller Art gefüllt: von Medikamenten bis Milchpulver, Brillen bis Kugelschreibern, sogar Krücken, die ein Parteikader bei Jong Ryul mit der größten Selbstverständlichkeit eingefordert hat, befinden sich darin. Wie geplant wird diese Schachtel am 18. Oktober 1994 nach Pjöngjang fliegen, während ihr Besitzer, der sie noch wenige Stunden zuvor persönlich in die Iljuschin eingeladen hat, plötzlich wie vom Erdboden verschluckt sein wird.

Mit gewohnt ernster Miene hat Delegationsleiter Kim Jong Ryul an diesem kalten Oktobervormittag jeden einzelnen Karton auf seiner Bestellliste abgehakt.

PACKLISTE 1994. 10. 11.

Signo	Gewicht	Inhalt	Menge	Bemerkung
048	20,--	Kühlschrank	1	
049	3,40	Teslameter	1	/ Intercont
050	8.700,--	Feuerwehrauto	1	direkt
051	8.700,--	Feuerwehrauto	1	direkt
052	90,--	Feuerwehrzubehör	div.	direkt
053	46,--	Feuerwehrzubehör	div.	direkt
054	43,--	Feuerwehrzubehör	div.	direkt
055	25,--	Tiefkühltruhe	1	
056	25,--	Tiefkühltruhe	1	
057	3,--	Laserstrahlenmeßgerät	1	Intercont
058	4,--	Zubehör	div.	Intercont
059	1,50	Zubehör	div.	Intercont
060-061	42,--	Eintrittsalarmanlage	1	Intercont
062	10,--	Meßgeräte / CD-Player	div.	
063	10,--	Farbmeßgerät / Philips	div.	
064	15,--	4 / Modems, 2 / DVST	6	
065	10,--	DVST / Windgeschwindigk.	3	
066	30,--	Metalldetektoren	4	Intercont
067	6,--	Staubmeßgerät	1	Intercont
068	6,--	Metalldetektoren	4	Intercont
069-070	77,60	Telefonanlage u. Zubeh.	div.	Intercont
071-072	120,--	Gasmasken	60	Intercont
073	192,--	Gaschromatograph	1	AirCargo
074-075	35,--	Gaschromatograph-Zubeh.	div.	AirCargo
076-077	60,--	Helium-Gasflaschen	2	AirCargo
078	3,--	Druckminderer	1	AirCargo
Gesamt	18.277,50			

Die Packliste der letzten, von Kim Jong Ryul beaufsichtigten Lieferung vom 18. 10. 1994. An diesem Tag floh er und tauchte in Österreich unter.

Hat sich mit eigenen Augen überzeugt, dass die beiden Feuer-wehrautos im Bauch des Transportflugzeuges vorschriftsmäßig fixiert sind. Hat ein Crewmitglied angeschnauzt, das seine Arbeit Jong Ryuls Ansicht nach ein wenig zu lasch angeht, hat sich wieder und wieder versichert: Alles ist in bester Ordnung, der Auftrag ist erfüllt. Niemand wird ihm, dem plötzlich Verschwundenen vor-werfen können, er sei seiner Pflicht nicht nachgekommen. Sorg-sam deponiert er schließlich persönliches Gepäck im Flugzeug. Koffer, Reisetasche, Aktentasche – alles muss nach Pjöngjang flie-gen: der bestmögliche Beweis für alle Mitreisenden, dass Kim Jong Ryul nie etwas anderes vorgehabt hatte als heimzufliegen.

Als schließlich aber auch wirklich alles erledigt und bis zum geplanten Abflug noch Zeit ist, fährt die kleine Gruppe der Nord-koreaner und Geschäftsleute zum Essen ins Zentrum der slowa-kischen Hauptstadt. Kim Jong Ryul, dem die innere Anspannung nicht anzumerken ist, atmet auf. Es könnte nicht besser laufen. In Bratislava wird es geschehen. Sein altes Leben wird enden.

Am selben Abend in seiner Fluchtwohnung in Linz-Urfahr wird der asiatische Mann für alle, die ihn ansprechen, ein vermeintli-cher japanischer Bürger sein, der sich der Einfachheit halber mit seinem Spitznamen »Emil« vorstellt.

10
Die atomare Lebensver(un)sicherung

김 정 룔

Im Frühling 1994 schlägt der Chef des russischen Inlandsgeheimdienstes FSB in einer aufsehenerregenden Pressekonferenz Alarm: Man sei »in besonderem Maße besorgt über die unablässigen Versuche Nordkoreas, Komponenten für die nukleare Waffenentwicklung« aus Russland hinauszuschmuggeln. Der Transfer von nuklearem Material, von Know-how, die Reise russischer Atomphysiker in die nordkoreanischen Nuklearforschungsanlagen von Yongbyon – all dies ist seit Jahrzehnten gängige Praxis. Doch seit dem Kollaps der UdSSR haben sich die Vorzeichen für diese Kooperation zwischen der einstigen Supermacht und ihrem atomaren Lehrling geändert. Versorgte bis 1991 der sowjetische Staat das benachbarte Nordkorea mit allem, was es für den Bau von Atomanlagen und die Entwicklung von nuklearen Waffen brauchte, so droht der Nuklear-Transfer nun, in Zeiten drastischen Macht- und Kontrollverlustes in Moskau, in private und damit illegale Kanäle abzugleiten. Die mitten im Umbruch steckenden russischen Sicherheitsbehörden können den Schmuggel nicht eindämmen. Schlimmer noch – Beamte verdienen an den illegalen Transfers mit, schauen gegen gutes Entgelt weg, wenn bestens ausgebildete, aber jetzt von der Arbeitslosigkeit bedrohte russische Atomphysiker ihren nordkoreanischen Gesprächspartnern das gewünschte Material anbieten.

Aus der Perspektive Kim Jong Ryuls hat sich hingegen seit dem Ende der Sowjetunion kaum etwas verändert. Russische Atomwissenschaftler reisen auch nach dem Kollaps der Sowjetunion ins Land. Wie schon bisher hat der Fuhrpark seiner Abteilung im Personenschutzministerium dafür die Dienstwagen zur Verfügung zu stellen. Obwohl Kim Jong Ryul mit den russischen Spezialisten persönlich nichts zu tun hat, weiß er von den Chauffeuren seiner Abteilung, die die Fremden zum Atommeiler Yongbyon fahren: Die Experten werden wie Staatsgäste behandelt. Sie wohnen nicht nur in einer der Villen, die in Pjöngjang für ausländische Gäste zur Verfügung stehen, sondern in den Prunkbauten für ausländische

Präsidenten. Für ihren Transport zur 80 Kilometer nördlich der Hauptstadt liegenden Atomanlage gibt es immer genügend Benzin, obwohl die schwere Energiekrise seit Anfang der 1990er-Jahre bereits ganz Nordkorea erfasst hat. Und ihnen stehen für ihre Dienste, wie Jong Ryul in Erfahrung gebracht hat, täglich jeweils 2000 Dollar Entlohnung zu.

Diese unerhörten Summen, die das bettelarme Land trotz der Hungerkatastrophe in die Atomwissenschaft steckt, ärgern Kim Jong Ryul bis zur Weißglut. Tausende Nordkoreaner müssten nicht im Wald nach Essbarem suchen, würde auch nur der Verdienst eines einzigen russischen Physikers an einem einzigen Tag für den Ankauf von Lebensmitteln im Ausland verwendet. Wie viele Millionen Dollar die Diktatur in den Ausbau ihrer Atomindustrie investiert, während zeitgleich fast zwei Millionen Menschen im Land verhungern, bleibt ein gut gehütetes Geheimnis. Zu hören bekommt eine geschwächte, ums Überleben kämpfende Bevölkerung stattdessen die tägliche Portion Propaganda, wonach die Volksrepublik an einer »koreanischen Bombe« arbeite. Mit eigener Kraft und Anstrengung gebaut, soll sie die Glanzleistung der nordkoreanischen wissenschaftlichen Leistungen unterstreichen und überdies dafür sorgen, so wird suggeriert, nie mehr das Ziel amerikanischer oder japanischer Aggression zu werden. Auch wenn er nicht von der Anwesenheit der russischen Nuklearphysiker im Land erfahren würde, hat Kim Jong Ryul als studierter Techniker genügend Erfahrung, um zu wissen, dass er in Bezug auf nordkoreanische Atomforschung belogen wird: Von einer »koreanischen Bombe« kann nicht die Rede sein. Grundlagen, Knowhow, technische Hilfe, Ausrüstung und Anleitung kommen zumindest in den ersten Jahrzehnten der Genese des nordkoreanischen Atomprogramms zum Großteil aus Moskau.

Bereits unmittelbar nach Ende des Koreakrieges gibt Diktator Kim Il Sung den Auftrag, ein Atomwaffenprogramm zu entwickeln. Die kommunistische Führung in Pjöngjang sieht es als ihre größte

Schwäche an, angesichts eines neuerlichen, befürchteten Angriffs vonseiten der USA keine nukleare Abschreckungswaffe zu besitzen. Ein atomar aufgerüstetes Nordkorea ist vor Angriffen gefeit, lautet die Parole der höchsten Partei- und Militärgremien. Von Anfang an entspricht der Wunsch nach der Bombe in Nordkorea deshalb mehr dem Ziel der Verteidigung als jenem eines Angriffs – die Bombe soll das Überleben des eigenen Regimes sichern.

Tatsächlich hat Nordkorea auf dem Höhepunkt des Kalten Krieges Grund zur Sorge. Im Süden der koreanischen Halbinsel haben die zunehmend in den Vietnamkrieg verstrickten USA bei ihren Verbündeten ein bedrohliches Atomarsenal aufgebaut. Über 700 nukleare Sprengköpfe sind gegen den Norden gerichtet. Ungeduldig drängt deshalb Diktator Kim Il Sung seine Wissenschaftler:»Wir müssen unser ganzes Land verstärken. Nur so können wir diejenigen schlagen, die Atomwaffen besitzen, auch wenn wir selbst keine haben.« Ab Mitte der 1960er-Jahre beginnt die erste Generation in Moskau geschulter nordkoreanischer Atomphysiker mit ihren Forschungen im entstehenden Atommeiler von Yongbyon. Über 20 Jahre lang treiben die Wissenschaftler mit großzügiger sowjetischer Unterstützung ihre Arbeiten ungestört voran. Auf Druck ihrer Förderer in Moskau hin, die wiederum massiv von den USA gedrängt werden, tritt Nordkorea 1985 dem Internationalen Atomwaffensperrvertrag – Nuclear Non Proliferation Treaty – bei. Mit der Internationalen Atomenergieorganisation der UNO (IAEO) hat Pjöngjang bereits Ende der 1970er-Jahre zu kooperieren begonnen, auch mit dem legitimen Ziel, am Wissens- und Erfahrungsschatz der internationalen Atomexperten bei der IAEO teilhaben zu können.

Ende der 1980er-Jahre werden die Agenten der japanischen, südkoreanischen und amerikanischen Geheimdienste stutzig. Nordkoreas Wissenschaftler haben enorme Fortschritte erzielt – in einem Ausmaß, das sie nun dazu befähigt, in Yongbyon waffenfähiges Plutonium zu produzieren. Mit diesem gewaltigen Schritt auf dem Weg zur Bombe fühlt sich Nordkorea fortan stark genug, bis zum heutigen Tag doppelgleisig zu agieren: Mit Versprechungen und Erpressungen, mit Entgegenkommen und Lügen, mit Drohungen und Konzessionen. Aus Perspektive der Volksrepublik geschieht dies mit großem Erfolg. Ihr Atomwaffenprogramm wird konsequent weiterentwickelt – bis hin zum ersten Test einer Atombombe im Jahre 2006. Knapp drei Jahre später erfolgt die zweite unterirdische Zündung einer Bombe mit wesentlich stärkerer Sprengkraft. Stolz nennt sich das offizielle Nordkorea fortan »Atommacht« und verlangt, auch von der ganzen Welt so gesehen zu werden.

Dabei hatte sich Nordkorea schon Ende 1991 gemeinsam mit Südkorea in einer Erklärung verpflichtet, keine Atomwaffen herzustellen, zu verwenden sowie keine Wiederaufbereitung zur Plutoniumgewinnung oder Urananreicherung zu betreiben. Die USA immerhin nahmen die Deklaration so ernst, dass sie von 1992 an alle nuklearen Sprengköpfe aus Südkorea abzogen. Im Süden der Halbinsel existiert seitdem kein nukleares Potenzial mehr. Die sogenannte »Nord-Süd-Deklaration« hätte also ein Meilenstein in der Geschichte werden können – wenn sich auch Nordkorea an seine Abmachungen gehalten hätte. Stattdessen tritt Pjöngjang aus dem Vertrag über die Nichtweiterverbreitung von Kernwaffen aus und wirft die Inspektoren der UN-Atomenergiebehörde aus dem Land. Als schließlich mehrere Geheimdienste übereinstimmend über ein fortgeschrittenes nordkoreanisches Atomwaffenprogramm berichten, schrillen in Washington die Alarmglocken: Schon werden Rufe laut, der Atommeiler von Yongbyon solle mit gezielten Luftschlägen zerstört werden – in der Art, wie die israelische Luftwaffe wenige Jahre zuvor den Kernreaktor Osirak im Irak bombardiert hatte. Doch der erst kurz regierende, militärischen Abenteuern abgeneigte US-Präsident Bill Clinton schickt stattdessen seinen Amtsvorgänger Jimmy Carter zu Verhandlungen nach Pjöngjang. Mit zunächst bahnbrechendem Erfolg: Bei diesen ersten Verhandlungen zwischen Nordkorea und seinem Todfeind USA, die durch den plötzlichen Tod von Diktator Kim Il Sung erheblich erschwert werden, verpflichtet sich die Führung in Pjöngjang, die Reaktoren stillzulegen. Als Gegenleistung sollte Nordkorea den Bau zweier Leichtwasserreaktoren, ausschließlich für Energiegewinnung, 500.000 Tonnen schweres Heizöl und großzügige Lebensmittelhilfen erhalten.

Doch was als ehrgeiziger Testlauf der Welt beginnt, mit dem isoliertesten Land der Welt eine gemeinsame Lösung zu finden, verheddert sich bald in grauer Alltagspolitik. Weder die USA noch Nordkorea halten sich an das Abkommen. Washington setzt darauf, dass das von Hungersnöten und schwerer innerer Krise geplagte kommunistische Land ohnehin bald zusammenbrechen wird, und zögert die Erfüllungen seiner Versprechen hinaus. Pjöngjang stellt seinerseits unerfüllbare Forderungen und zieht den Bau des geplanten Kernkraftwerkes in die Länge. Während Vorwürfe hin- und hergehen, wer schuld an den Verzögerungen sei, beginnt Nordkorea heimlich mit einem zweiten Atomwaffenprogramm – diesmal nicht auf der Grundlage von Plutonium, sondern von angereichertem Uran. Abermals eskaliert die Krise: Die Welt droht, Nordkoreas Provokationen nicht hinzunehmen. Pjöngjang wiederum rasselt mit den Säbeln, unternimmt Raketentests, kündigt Verträge und Versprechen auf und stellt Washington erneut vor das Dilemma: Soll riskiert werden, dass Nordkorea zur Atommacht heranwächst, die ganze Region bedroht und in ein Wettrüsten hineinzieht? Oder soll die Weltmacht USA das widerspenstige Nordkorea mit der Lieferung von Hilfsleistungen zur Räson bringen, sich also gleichsam, wie es in Washington viele sehen, von einem kleinen störrischen kommunistischen »Schurkenstaat« erpressen lassen?

Seit 2003 verhandeln die USA gemeinsam mit China, Russland, Südkorea und Japan (»Sechs-Parteien-Gespräche«) mit Kim Jong

Ils Reich. Die fünf Gesprächspartner Pjöngjangs sind geschlossen gegen ein mit Atomwaffen gerüstetes Nordkorea, sie alle fühlen sich in ihren Sicherheitsinteressen bedroht. Doch im Katz-und-Maus-Spiel mit den großen Mächten und Nachbarn erweist sich Nordkorea als der geschicktere Taktiker. Weil frei von jedweden Skrupeln, gelingt es der Führung in Pjöngjang immer wieder Hilfs- und Energielieferungen für das Versprechen zu erhalten, endlich alle Verpflichtungen zur nuklearen Abrüstung einzuhalten. Publikumswirksam und unter Anwesenheit ausländischer Journalisten wird im Sommer 2008 im Atommeiler Yongbyon ein Kühlturm gesprengt – während in anderen Anlagen Nordkoreas 3000 Atomwissenschaftler schon über ihren nächsten Aufgaben brüten.

Ersatz für die als Nuklear-Lieferant ausgefallene Sowjetunion hat man in Pjöngjang rasch gefunden. Es sind vor allem die pakistanischen Experten um den Vater der »pakistanischen Atombombe«, Abdul Kadir Khan, die die gelehrigen Nordkoreaner in der Kunst der Urananreicherung unterweisen. Kooperiert wird aber auch mit dem Iran, selbst ein Staat, dem Ambitionen nachgesagt werden, an der Atombombe zu basteln, sowie mit Syrien. Als israelische Flugzeuge im September 2007 die Atomanlage Al Kibar im Nordosten Syriens bombardieren, kommen zehn nordkoreanische Wissenschaftler dort ums Leben.

Seine Schulden gegenüber den drei Staaten begleicht Nordkorea mit Waffen- und Raketenlieferungen. Seit Anfang der 1990er-Jahre exportiert das Land Raketen nach Pakistan, in den Iran, Syrien und den Jemen. Zumindest am Beispiel des Iran ist erwiesen, dass nordkoreanische Techniker auch außerhalb ihrer Heimat an der Weiterentwicklung von Raketenprogrammen mitarbeiten. Bei der iranischen Shahab 3- und Shahab 4-Rakete etwa handelt es sich im Grunde um ballistische Schwestern der nordkoreanischen Nodong-Rakete. Insgesamt besitzt Nordkorea heute, nach mehr als zwei Jahrzehnten forcierter Raketenprogramme, mindestens 800 Mittel- und Langstreckenraketen. Dass einige davon sogar

Alaska erreichen könnten, wie warnende Stimmen in Washington mahnen, hat Diktator Kim Jong Il in einem seiner höchst seltenen Interviews – gegenüber einem südkoreanischen Publizisten – allerdings ausgeschlossen: »Die Raketen können die USA nicht erreichen, und wenn ich sie starte, würden die USA Tausende Raketen zurückfeuern, wir würden nicht überleben. Ich weiß das sehr wohl. Aber ich muss sie wissen lassen, dass ich Raketen habe.«

Die Zurückhaltung, mit der Washington bisher auf die gezielten Provokationen aus dem Reich Kim Jong Ils reagierte, lässt darauf schließen, dass man dies auch in den USA nicht anders sieht: Pjöngjang will keinen Krieg. Die herrschende Elite agiert nicht unberechenbar, sondern rational. Sie weiß, dass sie der überlegenen Militärmacht der USA sowie deren südkoreanischen Verbündeten nicht genug entgegensetzen kann, um einen Waffengang zu gewinnen. Das oberste Ziel des Diktators und seiner Führungsschicht ist vielmehr, die Macht zu erhalten. Den Provokationen, Raketentests und Verbalinjurien von nordkoreanischer Seite folgten deshalb immer gerade noch rechtzeitig Signale des Einlenkens, um einen völligen Zusammenbruch von Verhandlungen zu verhindern. Hysterische Androhungen, »nie wieder« an den sogenannten Sechs-Parteien-Gesprächen über die atomare Abrüstung Nordkoreas teilzunehmen, hat das Regime mehrmals in alle Welt posaunt – und ebenso oft wieder verworfen.

Wie aber soll einem Staat Einhalt geboten werden, der offensichtlich willens ist, sein Atomprogramm bis zur vollständigen Waffenfähigkeit voranzutreiben? Von internationalen Finanzquellen ist die Volksrepublik seit Jahrzehnten abgeschnitten. Zu Krediten von Weltbank, Internationalem Währungsfonds und Asiatischer Entwicklungsbank hat sie keinen Zugang. Das Land ist pleite – und vermag doch, Waren zu importieren. Handelsembargos erwiesen sich als entsprechend wenig erfolgreich. Mit Wirtschaftssanktionen vor allem vonseiten der USA und deren Verbündeten hat das seit Jahrzehnten isolierte Land zu leben gelernt. Trotz weltweiter Handelshemmnisse ist Nordkorea heute ein Atom-staat, hat seine Arsenale gefüllt mit chemischen und biologischen Waffen, kann seine Elite mit Luxusgütern versorgen und hält sein diktatorisches System nach wie vor aufrecht. Umfassende Sank-tionen durch alle UN-Mitgliedsstaaten sind erst seit Nordkoreas Atomtest im Jahr 2006 in Kraft, wobei Japan von allen Staaten das strengste Embargo gegen seinen gefürchteten Nachbarn verhängt hat: Ein totales Handelsverbot wurde erlassen, nicht einmal mehr nordkoreanische Pilze dürfen eingeführt werden. Für Schiffe aus dem kommunistischen Norden Koreas gilt an allen japanischen Häfen Anlegeverbot.

Dass Waren ihren Weg trotzdem von und nach Japan sowie in alle Welt finden, dafür sorgen Einkäufer vom Schlage Kim Jong Ryuls. Mindestens 130 von ihnen sollen weltweit unterwegs sein. Als ihre Andockstellen im Ausland gelten die jeweiligen nordkorea-nischen Botschaften, wie es auch die Verfassungsschutzberichte Deutschlands und Österreichs für die entsprechenden diplomati-schen Vertretungen in Berlin und Wien jedes Jahr festhalten.

Die Anlaufstelle der Einkäufer daheim ist das legendäre »Büro 39«. Nicht im Finanzministerium des Landes, das nach Aussagen Kim Jong Ryuls »so gut wie pleite ist«, sondern hier, im schmuck-losen, relativ neuen Hauptstadtplattenbau mit den besten Isolier-fenstern aus Japan, »sind Geld und Macht zu Hause«. Schon in den 1970er-Jahren wurde das Büro von Kim Jong Il höchstpersönlich gegründet, um zu Devisen zu kommen. Dabei geht das dem Zent-ralkomitee der Arbeitspartei untergeordnete Büro alles andere als zimperlich vor: Zwei Richtungen gehören im Wesentlichen zu den »Geschäftsbereichen« der Abteilung. An der Spitze der einen steht die Daesong-Gruppe, zu der die Daesong Bank (und damit bis zu ihrer Schließung auch die Golden Star Bank in Wien) gehört, aber auch andere weitgehend legale Unternehmen. Über Daesong wird der Verkauf von teuren Mineralien abgewickelt, Gold, Silber, Magnesium, aber auch von Edelpilzen (die meist von den Gefangenen in den Zwangsarbeitslagern gesammelt werden müssen) und Ginseng. Viele der Daesong-Mitarbeiter haben im Ausland studiert. Sie wissen bestens, wie das kapitalistische Handels- und Finanzsystem funktioniert, und agieren durchaus nach dem Prinzip der Gewinnmaximierung.

Der zweite, wesentlich umfangreichere Bereich des »Büros 39« widmet sich dem Waffenhandel und allen Arten von illegalen Aktivitäten. Dazu zählen Drogen- und Menschenhandel, der Verkauf gefälschter Medikamente, die Verbreitung von Falschgeld (hauptsächlich Dollar), internationaler Versicherungsbetrug, Zigarettenschmuggel und neuerdings auch der Verkauf von Technologie und Know-how zum Bau von Tunnels. Aus einem Bericht des amerikanischen Kongresses aus dem Jahr 2007 geht hervor, dass Nordkorea aus diesen illegalen Geschäften des »Büros 39« jährlich zwischen 500 Millionen bis zu einer Milliarde Dollar lukriert – das wäre in etwa gleich viel wie der Exporterlös aus den legalen Geschäften. Die Bezeichnung »Mafia-Staat« drängt sich auf. Andere Gruppen der weltweiten organisierten Kriminalität könnten regelrecht neidisch werden: Bei der Abwicklung ihrer kriminellen Geschäfte haben die Agenten von »Büro 39« jede erdenkliche staatliche Unterstützung hinter sich. Mit regulären Dienstpässen reisen sie durch die Welt und genießen, so lange sie sich an den ungeschriebenen Code der Gehorsamkeit halten, für nordkoreanische Verhältnisse unerhörte Freiheiten.

Mehr als 50 Fälle weltweit sind dokumentiert, in denen nordkoreanische Diplomaten in den vergangenen 30 Jahren wegen Besitzes großer Mengen Drogen zumindest kurzweilig verhaftet wurden. Nach Afghanistan und Myanmar (Burma) ist Nordkorea heute der drittgrößte Opiumproduzent der Welt, nahezu 7000 Hektar Land dürften für den Anbau von Mohn verwendet werden. Der Staat betreibt regelrechte Heroinfabriken, wie das amerikanische Verteidigungsministerium in Berichten festhält. Die australische Marine brachte 2003 einen verdächtigen nordkoreanischen Frachter auf, auf dem 125 Kilo reinstes Heroin konfisziert wurden. Produziert werden aber auch große Mengen der tödlichen Droge Chrystal Meth, die wiederum überwiegend in den Straßen Japans zum Verkauf angeboten wird. Japanische Behörden machen Nordkorea für die Einfuhr von mindestens der Hälfte aller Drogen im Land verantwortlich. Dabei sollen die nordkoreanischen Verkäufer gute Verbindungen zur japanischen Yakuza und anderen Gruppen der organisierten Kriminalität aufgebaut haben. Ihre verbrecherisch erwirtschafteten Devisen fließen direkt an das »Büro 39« und damit direkt an Kim Jong Il zurück. Seinen eigenen Staat möchte der Diktator allerdings frei von Drogen wissen. »Ich habe Befehl erteilt, alle Drogenhändler und Drogenkonsumenten zu erschießen«, erklärte er einem Mitglied der Regierung in Moskau anlässlich eines Besuches in Russland. »Wenn Ihnen ein koreanischer Drogenabhängiger über den Weg läuft, haben Sie meine Einwilligung, ihn zu erschießen.«

Dubioser Herkunft war auch jenes mehrere Kilo schwere Geldpaket, mit dem drei nordkoreanische Männer im November 2005 in der niederösterreichischen Kleinstadt Mistelbach aufgegriffen wurden. Ursprünglich als illegale Grenzgänger verdächtigt, wurden die Polizisten bald eines Besseren belehrt. Die drei Herren im Anzug zückten Diplomatenpässe, eilig angereiste Mitarbeiter der nordkoreanischen Botschaft in Wien versuchten zu kalmieren. 50 Millionen Won – entsprechend einem Wert von 19 Millionen Euro – hatten die Herren in ihrem VW-Bus mitgeführt. Damit sollten, so die offizielle Erklärung der drei Befragten, Firmen gegründet werden, um Waren zu kaufen und nach Nordkorea auszuführen. Das Geld wurde konfisziert, die drei Diplomaten wurden ersucht, möglichst schnell und unauffällig aus Österreich abzureisen.

Nur einmal haben Sanktionen Nordkorea tatsächlich in Bedrängnis gebracht – und zwar Sanktionen, die sich gegen nordkoreanische Bankkonten im Ausland richteten. 2005 wurden 25 Millionen Dollar bei der Banco Delta Asia in Macao, dem für Nordkorea wichtigsten Geldinstitut im Ausland, eingefroren. Die Bank selbst geriet ins Visier des amerikanischen Finanzministeriums und wurde beschuldigt, für die Nordkoreaner im großen Stil Geld zu waschen. US-Banken mussten ihre Geschäftsverbindungen zur asiatischen Bank einstellen, japanische Geldinstitute zogen nach. Kurz darauf erklärte die Banco Delta Asia, sie werde alle Beziehungen zu Nordkorea abbrechen. Das löste einen Dominoeffekt aus: Um sich nicht der Kritik der amerikanischen Regierung aussetzen zu müssen, lehnten die meisten internationalen Banken fortan Geschäfte mit nordkoreanischen Partnern ab. Zur selben Zeit wurde auch auf massives Drängen aus Washington hin die Golden Star Bank in Wien geschlossen. Diese Isolation vom internationalen Finanzsystem brachte die Volksrepublik schließlich so sehr unter Druck, dass Pjöngjang sich zu weitreichenden Konzessionen bei seinem Atomprogramm durchrang. Im Sommer 2008 ließ das Regime den Kühlturm des Hauptreaktors seiner Atomanlage in Yongbyon sprengen, Tausende Seiten Unterlagen über sein Atomprogramm wurden den USA übergeben. US-Präsident Bush, der Nordkorea auf der von ihm erfundenen »Achse des Bösen« platziert hatte, ließ die Volksrepublik in der Folge von der Liste der terrorfördernden Staaten streichen und die Finanzsanktionen aufheben. Alle anderen Handelsbeschränkungen blieben aufrecht – in der richtigen Vermutung, dass Kim Jong Ils Atomwissenschaftler bestimmt noch nicht in den Ruhestand geschickt werden: Tatsächlich unternahm Nordkorea im Frühling 2009 einen zweiten Atomtestversuch.

Als einziges Land hätte China Macht und Möglichkeit, dem bankrotten Nordkorea die Luft abzuschnüren. Von Pekings Öl- und Benzinlieferungen hängt Nordkoreas Überleben entscheidend ab. Doch der sich in rasantem Tempo entwickelnde chinesische Riese ist mit Blick auf seinen schwierigen Nachbarn vor allem auf eines bedacht: Ruhe an seinen Grenzen. Einen Zusammenbruch Nordkoreas möchte Peking in jedem Fall vermeiden, ebenso einen Krieg in der Region, der Chinas wirtschaftliches Wachstum wieder um Jahre zurückwerfen könnte. Mit erheblichem Aufwand versucht Peking deshalb, Nordkorea aus größeren, internationalen Streitigkeiten herauszuhalten. Pjöngjangs Atomexperimente stoßen allerdings auch in Peking auf Ablehnung. Als Kim Jong Il die Welt mit seinem ersten Atomtest erschütterte, drehte China kurzerhand drei Tage lang die Ölzufuhr zum Nachbarn ab. Die vor wenigen Jahren verhängten UNO-Sanktionen gegen seinen Nachbarn trägt das sonst so zurückhaltende Reich der Mitte erstmals mit.

Absurderweise kann sich Diktator Kim Jong Il glücklich schätzen, dass ein Kollaps seines Regimes ein Szenario ist, das zum gegenwärtigen Zeitpunkt niemand will. So darf der Diktator weiterhin seine Bevölkerung quälen und die Gulags füllen, denn ein stabiles Regime in Pjöngjang ist dem Westen und auch Nordkoreas Nachbarn China, Südkorea und Japan zurzeit wichtiger, als die Leiden der nordkoreanischen Bevölkerung zu beenden.

Selbst der reich und demokratisch gewordene Süden träumt nicht mehr vom Zusammenbruch des Nordens. Im Gegenteil: Seit mehr als einem Jahrzehnt fährt Seoul einen mal mehr, mal weniger intensiven Kurs der Verständigung. Wie es die britische Zeitschrift Economist treffend formuliert: Offiziell betreibt die Regierung in Seoul die Wiedervereinigung, »doch die Menschen in Südkorea sehen den Norden nicht nur als fremdes Land, sondern vielmehr als einen fremden Planeten an, der am besten in seiner eigenen Umlaufbahn bleiben soll«. Diese radikale Wende gegenüber Zeiten, als die Regierung in Seoul hoffte, den Norden auf militärischem Weg vom Stahlgriff des Kommunismus zu befreien, geht vor allem auf die Befürchtung zurück, das bankrotte Land nach seiner Implosion eingliedern zu müssen. Die größte Sorge aber herrscht südlich des 38. Breitengrades, dass riesige Flüchtlingswellen über den Süden schwappen könnten. Hunderttausende, wenn nicht gar Millionen ausgehungerter Menschen auf der Suche nach Nahrung und Unterkunft – dieses Szenario sorgt im Süden für kalte Angstschauer. Mit gemischten Gefühlen beobachtete Südkorea die deutsche Wiedervereinigung. Die Kosten für Südkorea wären ungleich höher – so hoch, dass sich die Bevölkerung Südkoreas mehrheitlich gegen eine rasche Wiedervereinigung mit den Brüdern im Norden ausspricht. Stattdessen versucht die Regierung in Seoul mit Hilfslieferungen und Wirtschaftsprojekten den Norden so weit über Wasser zu halten, bis dieser sich aus eigener Kraft reformieren kann.

Auch in den USA gehören Pläne für einen gewaltsamen, von außen provozierten »regime change« in Nordkorea der Vergangenheit an. Washingtons missglückter Versuch im Irak ist nur einer der Gründe dafür. Vielmehr drängt die Regierung in Seoul seinen mächtigen Verbündeten verstärkt auf diplomatische Mittel umzuschwenken. Und nicht zuletzt das wieder zur Großmacht aufgestiegene China liefert Washington gewichtige Gründe dafür, militärische Abenteuer in Ostasien bleiben zu lassen: Einem amerikanischen Krieg in Korea würde China – wie schon einmal – nicht tatenlos zusehen. Diesmal aber stünde die aufsteigende Weltmacht China der alten Supermacht USA als militärisch ernst zu nehmender Gegner gegenüber.

So bleiben also Strafmaßnahmen und Sanktionen die schärfste Waffe im internationalen Vorgehen gegen Nordkorea, wobei genau darauf geachtet wird, der Volksrepublik nicht vollends den wirtschaftlichen Atem abzuschnüren und derart einen Zusammenbruch des Systems zu riskieren. Entsprechend große Sorge bereitete das monatelange Abtauchen Kim Jong Ils, nachdem ihn im August 2008 ein Schlaganfall getroffen hatte. Als der 68-Jährige viele Wochen später wieder in der Öffentlichkeit zu sehen war, wirkte er schwer gezeichnet: abgemagert, sichtlich angestrengt von jeder Bewegung, deutlich gealtert.

Der Diktator, so viel ist seither klar, hat dem Tod ins Auge geblickt – und mit ihm der ganze auf seine Person zugeschnittene Staat. Stirbt er, wird über kurz oder lang auch die einzige kommunistische Dynastie der Welt untergehen, sind sich nicht wenige Nordkorea-Auguren sicher. Einen Staat wie Nordkorea, freiwillig isoliert, bettelarm, abgeschottet von der Informationsrevolution, grausam und einen Führer-Gott und dessen Sohn anbetend, dürfte es im 21. Jahrhundert eigentlich gar nicht mehr geben. Doch Wissenschaftler und Militärs, Koreanologen und Geheimdienstmitarbeiter haben sich schon einmal in ihren »Nordkorea-wird-fallen-Prognosen« getäuscht. Anders als erwartet gelang es der »Demokratischen Volksrepublik Korea« nach dem Ende der Sowjetunion und deren Unterstützung zu überleben. Sie überdauerte Hungersnöte und die Forderung Chinas, Waren mit harten Devisen zu bezahlen. Sie agiert wie ein Mafia-Staat, fuchtelt mit der Atombombe, quält ihre Bevölkerung – und muss trotzdem nicht fürchten, von außen gestürzt zu werden.

Noch weniger wahrscheinlich ist ein Umbruch, der von innen heraus passiert, ein Aufstand, eine Revolution der Geknechteten gegen ihre Unterdrücker. Bis heute konnte angesichts der lückenlosen Kontrolle, Überwachung und Unterdrückung der Bevölkerung keine Widerstandsbewegung entstehen. Außer von den Kommunisten geduldeten und also kontrollierten Parteien gibt es keine politischen Gruppen oder Bewegungen, keine bekannten Dissidenten, keine Anzeichen für eine Bürgergesellschaft. Wie die Dinge liegen, müsste sich die Welt also darauf einstellen, dass Nordkoreas Diktatur noch lange am Zug bleibt.

Es sei denn, die Natur sorgt für einen Wechsel. Stirbt der Führer, steuert das Regime auf seine Sollbruchstelle zu. Nur wenn die Macht geordnet an Kim Jong Ils Erben übergeben wird, hat die Diktatur Chancen, weiter zu bestehen. Wobei vor allem zählt, wie schnell das Vakuum an der Staats- und Parteispitze gefüllt ist, und weniger, wer tatsächlich in die Fußstapfen des »kleinen« Diktators steigt. Gerüchteweise ist es Kim Jongs Ils dritter Sohn, Kim Jong Un, dem sein Vater im Sommer 2009 bereits die Führung der mächtigen Geheimdienstbehörde anvertraut haben soll. Über den jungen Mann ist wenig bekannt, öffentlich tritt er so gut wie nie auf, an der Seite seines Vaters ist er nicht zu sehen. Denkbar aber scheint auch ein Führungskollektiv, wobei eher Kreise aus dem Militär denn aus den Kadern der Arbeiterpartei zum Zug kommen dürften. In diesem Fall dürften Reformen und eine Öffnung nur zögerlich, wenn überhaupt stattfinden.

Kommt es aber zu inneren Machtkämpfen, scheint der Untergang Nordkoreas besiegelt. Ist erst einmal der erste Stein losgetreten, wird eine Lawine unabsehbarer, dramatischer Veränderungen das Land überrollen. Wie in einem Kochtopf, in dem der Druck zu groß geworden ist, droht beim Öffnen der kleinsten Schleuse gleich der ganze Deckel weggesprengt zu werden. Je gewaltsamer und chaotischer Kim Jong Ils politisches Erbe zusammenkracht, umso gefährlicheres Potenzial für eine ganz große Krise birgt dies in sich. Abgesehen von Nuklearmaterial und Raketen verfügt das Land über riesige Vorkommen an biologischen und chemischen Waffen, deren Bewachung nicht mehr gewährleistet wäre. Die Gefahr, dass die Massenvernichtungswaffen inmitten von Chaos und Anarchie in beliebige Hände fallen, ist groß, eine Feuerwehraktion amerikanischer und südkoreanischer Truppen wäre in diesem Fall nahezu unausweichlich. Pläne für einen derartigen Blitzeinsatz schneller Eingreiftruppen sollen beim Hauptquartier der 8. US-Armee in Seoul seit Jahren in der Lade liegen.

Dass amerikanische Soldaten mehr als 50 Jahre nach dem Koreakrieg wieder auf nordkoreanischem Terrain auftauchen, das dürfte wiederum China kaum mit verschränkten Armen verfolgen. Auch Peking könnte Truppen schicken, allein schon um einen mehrere Kilometer breiten Landkorridor vor seiner Grenze zu schaffen, um so die Masse nordkoreanischer Flüchtlinge noch in Nordkorea zu stoppen. Mit chinesischen, südkoreanischen und amerikanischen Soldaten im Land potenziert sich die Möglichkeit ungeplanter Zusammenstöße feindlicher Armeen. Eine Spirale unkontrollierbarer Gewalt droht, sich in Gang zu setzen. Zudem können die fremden Soldaten nicht damit rechnen, von Blumen schwenkenden Nordkoreanern empfangen zu werden. Nordkoreas Armee – immerhin die fünftgrößte stehende Armee der Welt – verfügt über 1,2 Millionen Soldaten. Zählt man alle Milizen und paramilitärischen Gruppierungen im Land zusammen, stehen fünf Millionen Menschen unter Waffen. Menschen, denen vom ersten Tag ihres Lebens an nie etwas anderes eingebläut wurde, als dass ausländische Soldaten Todfeinde sind und mit allen Mitteln bekämpft werden müssen.

Trotzdem mutet die Angst vor Chaos, Flüchtlingsströmen und selbst das Szenario eines großen Krieges in der Region übertrieben an. Sie scheint geradezu irrational, wenn man sich daran zurückerinnert, dass die Welt auch den Zusammenbruch der Sowjetunion verkraftet hat. Bei ihrem Kollaps besaß die UdSSR 1000 Mal mehr Atom- und Massenvernichtungswaffen als Nordkorea heute. Die kommunistischen Regime in Osteuropa sind gefallen, Millionen Menschen erhielten ihre Freiheit, und das auch mit Zutun Westeuropas und der USA. Mag diese Hilfe finanzieller, ideologischer, geheimdienstlicher oder moralischer Natur gewesen sein – es war eine wichtige Unterstützung. Für die Unterstützung der nordkoreanischen Bevölkerung wird hingegen wenig getan. Wird mit Pjöngjang verhandelt, stehen immer Atomwaffen auf dem Gesprächsprogramm, das Thema Menschenrechte kommt hingegen nie auf den Tisch.

Dass die Diktatur China mit ihrem heiligen Prinzip der »Nicht-Einmischung in die Angelegenheiten anderer Staaten« an den Menschenrechtsvergehen der Diktatur Nordkoreas bewusst vorbeisieht, überrascht wenig. Doch umso größer ist die Schande für den Westen und für die Demokratien im Osten Asiens. Auch aus ihrer Perspektive hat Nordkoreas Stabilität Vorrang vor Freiheit, Menschenwürde und dem Recht auf ein selbstbestimmtes Leben. Der Status quo in Nordkorea soll erhalten bleiben – ein Zustand, der der Diktatur freie Hand gibt, der 22 Millionen Menschen weiter knechtet und die Welt davor bewahrt, eingreifen zu müssen. Horrorszenarien, in welchen Abgrund die Welt beim Untergang der nordkoreanischen Diktatur gerissen würde, muten wie ein Vorwand an, nicht Initiative ergreifen zu müssen. Für den Preis der Ruhe im Reich Kim Jong Ils lässt sich die Welt erpressen und an der Nase herumführen. Für das Thema Atomwaffen opfert sie die Menschenrechte.

11
Der Tiger hinterlässt sein Fell

김 정 룔

Kim Jong Ryul bleibt verschwunden. Doch über die nordkoreanische Botschaft in Wien laufen die Geschäfte bald weiter, als hätte es die Aufregung um den vermeintlich ermordeten Einkäufer nie gegeben. Ersatz ist sofort gefunden, ein anderer, passabel Deutsch sprechender, mit einem Diplomatenpass ausgestatteter Gesandter aus Pjöngjang hakt nun von der österreichischen Hauptstadt aus seine Einkaufslisten ab. Ohne große Hoffnung, Genaueres zu erfahren, wagt sich einer von Jong Ryuls früheren österreichischen Geschäftspartnern vor. »Wie geht es der Familie Kim Jong Ryuls? Wissen Sie irgendetwas?«, versucht der Besitzer eines niederösterreichischen Handelsunternehmens den Nachfolger seines einstigen Partners abzuklopfen. Wider Erwarten und wohl nur, weil das Gespräch im sicheren Wien stattfindet, antwortet der Gefragte: »Ganz gut.« Auf mehr Details lässt sich der neue Mann aus Nordkorea nicht ein, jedes Wort zu viel wäre für ihn gefährlich. Doch allein die Gewissheit, dass die Angehörigen Kim Jong Ryuls nicht den Preis für sein Verschwinden bezahlt haben, nicht verhaftet und in ein Straflager geschickt wurden, genügt dem Österreicher. Er glaubt dem neuen Mann, der sich immerhin so weit vorgewagt hatte, nach Erwähnung des Namens Kim Jong Ryul überhaupt zu antworten. Dass dieser offenbar die Wahrheit sagt, erschließt sich dem Geschäftsmann nach einer weiteren Frage, wie es denn Herrn Ho gehe? Jenem Verwalter der Konten Kim Jong Ils in Wien, der nach offensichtlicher persönlicher Bereicherung nach Pjöngjang zurückbeordert worden war. Der neue Einkäufer zieht nur mit einer Geste des Bedauerns die Schultern hoch: »Ho kaputt.«

Dasselbe Schicksal hätte Kim Jong Ryul und seiner Familie gedroht, wäre er von seinen nordkoreanischen Jägern nach seiner Flucht aufgegriffen worden. Von Anfang an aber hofft der 60-jährige Flüchtling darauf: Nach Linz werden sie nicht kommen. Hier, am Rand der oberösterreichischen Hauptstadt, werden sie ihn nie und nimmer vermuten. So wagt sich der tadellos gekleidete, gepflegt wirkende, ältere asiatische Herr schon am zweiten Tag nach seinem Abtauchen hinaus. Zeit zur Verzweiflung oder gar zur Euphorie gönnt er sich nicht. Er muss Lebensmittel einkaufen, muss ein neues Leben lernen, muss wissen, wie man in einer kapitalistischen Gesellschaft über die Runden kommt. Er muss herausfinden, wie viel Geld er jeden Tag von den zur Seite gelegten Provisionen benötigt. Er lässt sich einen Bart wachsen und trägt die Haare anders.

Wichtiger als alles andere ist vorerst, keinen Fehler zu machen. Wenn er das unscheinbare Mietshaus verlässt, läuft er zuweilen zwei Mal zurück, um sich zu versichern, dass der Hauptschalter für den Strom ausgeschaltet ist. Nicht auszudenken, was passieren würde, wenn der Herd nicht ausgeschaltet wäre und zu brennen beginnen würde! Auch wenn sein Verstand ihm sagt, dass er die Häscher des nordkoreanischen Staates hier, abseits von Wien, nicht fürchten muss, marschiert die Angst bei jedem Schritt mit. Innerhalb seiner vier Wände drehen sich die Gedanken im Kreis: Kommen die Jäger mit Truppen? Schicken sie ein Killerkommando? Werden sie irgendwann aufhören, ihn zu suchen? Oder haben sie ihn vielleicht schon abgeschrieben?

Viele Jahre lang bleibt die Angst vor der Rache Pjöngjangs selbstverständlicher Bestandteil seines Lebens. Sie hindert ihn daran, in seinem neuen Gastland um Asyl anzusuchen. Jeder Schritt in Richtung Legalität, so ist sich der Untergetauchte sicher, würde nordkoreanische Agenten auf seine Spur führen. Er misstraut jeder Behörde, die Erfahrungen seines Lebens lassen keinen anderen Schluss zu: Meldet er sich bei den österreichischen Behörden, würde früher oder später auch irgendjemand in der nordkoreanischen Botschaft davon erfahren. Statt dieses Risiko einzugehen, vertraut Jong Ryul lieber auf die Hoffnung, dass der nordkoreanische Staat in absehbarer Zeit kollabieren wird. So lange wird er sich versteckt halten, seine 23 Quadratmeter kleine Bleibe so selten wie möglich verlassen und jedem österreichischen Polizisten ausweichen. Zwei, drei, vier Jahre könnte sein »Leben als Maulwurf« schon dauern, kalkuliert Jong Ryul. Doch dann, wenn der Weg zurück wieder frei und Diktator Kim Jong Il von der Macht gefegt wäre, würde er, Oberst Kim Jong Ryul, studierter Maschinenbauer, Kenner des Westens und erfahrener Einkäufer einer der Ersten sein, die in die neu zu formende, freie Republik Nordkorea zurückkehren werden. An vorderster Front wäre er dann beim Wiederaufbau des Landes dabei.

Schon in den ersten Tagen nach seiner Flucht hat sich der Flüchtling mit dem Nötigsten für seine stolze Heimkehr eingedeckt: Fünf Anzüge hat er sich geleistet, weiters drei funkelnagelneue Koffer, die nur darauf warten, mit Mitbringseln gefüllt und heimtransportiert zu werden.

Vorerst aber heißt es durchhalten. Tag für Tag, Woche für Woche, Monat für Monat, Jahr für Jahr. Selten wechselt der ältere Herr, der sich gegenüber Nachbarn als Japaner ausgibt und sich nur mit dem Spitznamen »Emil« vorstellt, mehr als ein paar freundliche Worte der Begrüßung. Einladungen zum Kaffee schlägt er immer aus. Auf längere Gespräche, gar Fragen über seine Herkunft will sich der offensichtlich scheue Mann nicht einlassen. Zurückhaltung, aber größtmögliche Anpassung an sein Umfeld lautet fortan seine Überlebensdevise, die ihn ohne Probleme über die ersten Jahre bringt. Oberst Kim Jong Ryul ist in Freiheit und lebt doch unfrei, kann sich niemandem gegenüber öffnen, kann nicht einmal länger mit jemandem sprechen.

Nur einmal – knapp drei Monate nach seiner Flucht – wagt sich der einsame Mann ungewöhnlich weit vor. Als er in eine Straßenbahn einsteigt, fällt sein Blick sofort auf einen asiatisch aussehenden Pfarrer. Der wiederum lächelt Kim Jong Ryul entgegen. Noch ehe Jong Ryul den freundlichen Geistlichen anspricht, weiß der schon: »Sie sind aus Nordkorea!« Leicht geschockt, wie schnell er durchschaut wird, versucht der Angesprochene erst gar nicht, diese Tatsache zu leugnen. »Ja, stimmt«, gibt er zu und fasst doch sofort Vertrauen zu dem fremden Südkoreaner, »ich bin Geschäftsmann und hatte hier zu tun, als ich schwer krank geworden bin.« Jetzt bleibe er fürs Erste hier, erzählt er, und genieße die gute medizinische Versorgung, bis er wieder vollständig genesen sei. Der südkoreanische Geistliche hat keinen Anlass, irgendetwas von dem anzuzweifeln, was er gehört hat. In den folgenden Monaten treffen die beiden Männern einander mehrmals, für Kim Jong Ryul sind es wertvolle Stunden des Gesprächs über Gott und Karl Marx, über koreanische Küche und ihrer beider vertrautes Gefühl, fern von zu Hause zu sein. Als Jong Ryuls neu gewonnener Freund Li Nam Gi plötzlich aus seiner Gemeinde in Wien wieder abgezogen und nach Südkorea geschickt wird, trifft dies den Zurückgebliebenen hart. Er ist wieder allein. Auch wenn Kim Jong Ryul von Kindheit an gelernt hat, jede Härte zu ertragen und sich jedes Gefühl der Verzweiflung zu verbitten, mischt sich Traurigkeit in seinen eisernen Willen zur Disziplin. War es richtig zu fliehen? Gleicht das neue Leben – versteckt, einsam, im Untergrund – den Schmerz aus, die Familie zurückgelassen zu haben? Ist das die Freiheit, auf die er so sehnsüchtig gewartet hat? Jede Nacht, die er nicht zu Hause in seiner Wohnung in Pjöngjang übernachtet, trägt er fein säuberlich in seinen Kalender ein. Schließlich sind es hundert Nächte, tausend, zweitausend, dreitausend …

Doch er wäre nicht der kühle Pragmatiker Kim Jong Ryul, der Mann, der über zwei Jahre seine Flucht geplant hat, wenn ihn nun Melancholie und Einsamkeit lähmten. Sein Schritt in die Freiheit war irreversibel, das hatte der hochdekorierte nordkoreanische Offizier stets gewusst. Der Gefahr, zu verzweifeln, trotzt er mit stählerner Disziplin und umso größerer Härte gegen sich selbst. Vom ersten Tag seiner Flucht an steht er jede Nacht um 2 Uhr 30 auf, macht Gymnastik, stemmt Gewichte. Eine Stunde lang zwingt sich der drahtige Mann im Rentenalter täglich zur maximalen Anstrengung. 200 bis 300 Mal stemmt er jeden Tag seine 16 Kilo schwere Eisenkugel, trainiert an der selbst im Türstock eingebauten Reckstange, übt den Handstand. Die folgende, tägliche Abreibung mit eiskaltem Wasser soll ihn abhärten und dient vor allem einem Zweck: Er darf nicht krank werden. Krankenversicherung besitzt er keine, jeden Arztbesuch muss er deshalb bar bezahlen – und krank sein, das wird der Neo-Bewohner eines westlichen Industriestaates bald merken, krank sein ist vor allem teuer.

Alles, was möglich ist, lernt Jong Ryul selbst zu erledigen: putzen, waschen, kochen, Haare schneiden, seine vier Wände renovieren. Weil er kniend durch die Wohnung rutscht, um den Fußboden zu scheuern, haben seine Hosen schon nach wenigen Monaten Löcher. Um seine Bleibe sauber zu halten, benötigt der agile Oberst a. D. deshalb drei Paar Jeans pro Jahr. Nicht wissend, wie lange seine Zeit der Flucht dauern wird, erlegt er sich von Anfang an einen strengen Sparkurs auf. Nach einigen Monaten kommt er auf einen exakt berechneten Erfahrungswert, an dem sich Jong Ryul fortan eisern hält: 3 Euro 50, das ist sein Tagesaufwand für Essen, mehr will und kann Jong Ryul nicht ausgeben. Dabei legt der Mann, der Zeit seines Lebens immer wieder Hunger litt, größten Wert darauf, was er isst. Seine exakt geführten Statistiken geben Auskunft, wie viel Gramm Kohlehydrate, Proteine und Vitamine er pro Tag zu sich nimmt. Jeder Happen wird aufgelistet, der Genuss jeder einzelnen Himbeere, jedes Milliliters Weines ist in seiner Tabelle nachzulesen. Die vielen, mit sauberer Handschrift verfassten Seiten Papier über seine täglichen Ernährungsgepflogenheiten beweisen, dass tägliches und ausreichendes Essen für Kim Jong Ryul bis heute keine Selbstverständlichkeit geworden ist.

Zwei Mahlzeiten pro Tag gönnt er sich, das ist mehr, als er in Pjöngjang zur Verfügung hatte. Dass er in den prall gefüllten Supermärkten auf fast alles verzichten muss, ist ihm ein Leichtes. Jong Ryul begeistert sich vielmehr darüber, dass die Regale hier immer voll sind. Weintrauben im Winter! Fleisch in Hülle und Fülle! Jeden Abend, pünktlich um 20 Uhr, löscht der Nordkoreaner

1994. 10. 18 ~ 2009 — Ende!

15 Jahre → Nahrung

Durchschnittlicher Verbrauch

Im Jahr

tgl.

1.) Getreide
Reis. Hafer · Roggen   92 kg   250 g   190 €

2.) Brot. Buchsbaren   37 kg   100 g   180 €

3.) Fleisch.   20 kg   55 g   80 €

4.) Fisch   22 kg   60 g   140 €

5.) Milch   55 l   150 ml.   40 €

6.) Öl + Butter
Oliven.   10 Kg   30 g   80 €

7.) Eier   150 Stck   (Alle 2 Tage / 1 Stck)   30 €

8.) Honig   5 kg   14 g   25 €

9.) Rotwein 65 Flo → 65 Fl   140 ml   220 €
etwas Bier
Schnaps

10.) Apfel   360 Stück   1 Stück   100 €
Bananen   180 "   alle 2 Tge 1 Stck   70 €

11.) Gemüse usw.   100 kg.   300 g   115 €

∑ ca. 1.270 €

Ca. 1.270 / 365 Tag.   ≈ 3,5 € täglich!

Durchschnittlich! NUR!

Statistik »Emils« über seinen durchschnittlichen Nahrungsmittel-
verbrauch mit Kalorienangaben und Kosten.

das Licht und hofft noch immer, morgen, in den Frühnachrichten, endlich gute Neuigkeiten von der nördlichen Hälfte Koreas zu hören.

Als nach fünf Jahren die Besitzerin des Mietshauses, in dem der Flüchtling lebt, stirbt, wird ein Ortswechsel unumgänglich. Schon lange hat sich der Untergetauchte nach etwas Bequemerem umgeschaut und sich nach langem Zögern durchgerungen, doch zuzuschlagen. Er zieht in eine kleine Wohnung in ein Dorf im Osten Österreichs. Dabei gelingt es ihm neuerlich, ohne gültige Aufenthaltspapiere und den in Österreich zwingend erforderlichen Meldezettel, seine Bleibe einzurichten. Möglich ist dies nur dank seines österreichischen Führerscheins. Das Dokument, das ihm 1982 der Wiener Geschäftsmann Haslinger gezahlt hatte, rettet jetzt sein Leben. Es ist dieser Führerschein, den Kim Jong Ryul jetzt als gültigen Ausweis vorlegt, wenn er in seiner Bank Geld abhebt, zum Postamt muss oder wenn er den Arzt bezahlt. Gäbe es diesen kleinen, rosaroten Schein nicht, hätte er sein Abtauchen in Österreich nicht riskieren können.

In einer 53 Quadratmeter großen Wohnung lebt der »Herr aus Japan« fortan ohne aufzufallen, im Dorf seiner Wahl stößt sich niemand an der Anwesenheit des zurückgezogen lebenden Rentners. Er spendet bereitwillig für die Armen, wenn die katholischen Sternsinger zu Jahresbeginn an seine Tür klopfen, doch Einladungen zum Nachmittagskuchen bei den Nachbarn lehnt er, wie schon in Linz, beharrlich ab. Die Kassiererin im Supermarkt, der Hausbesorger, die Bewohner des Blocks, sie alle sehen ihn nahezu täglich und ahnen doch nicht, wen sie in Wahrheit vor sich haben.

Nur mit dem Trafikanten im Ort knüpft Kim Jong Ryul allmählich zarte Bande der Freundschaft. Zwei Mal die Woche pilgert »Emil«, wie er sich nennt, in das kleine Geschäft, um hier seinen Lottoschein abzugeben. Hin und wieder hat er ein bisschen Glück, einmal gewinnt er sogar mit fünf Richtigen ein paar Tausend Euro. Die Freude darüber teilt er mit dem Trafikanten-Ehepaar, das seinerseits während des Aufstandes 1956 aus Ungarn geflohen war. Die Erfahrung, Flüchtling gewesen zu sein, verbindet das Paar und den einsamen asiatischen Herrn – über die Jahre sogar so sehr, dass Kim Jong Ryul endlich echte Freunde gefunden hat. Doch auch sie wissen nicht, welches Leben er hinter sich hat.

Sie wissen nicht, dass er begierig die Nachrichten verfolgt und sich dafür fünf Fernsehgeräte gekauft hat. Drei davon hat er in seinem Wohnzimmer montiert, einen in der Küche, einen hält er sich in Reserve, für den Fall, dass einer kaputtgehen könnte. Über tausend Sender stehen ihm zu Verfügung!

»Das ist Freiheit! Das ist echte Freiheit«, schreit er fast, als er die Autoren dieses Buches durch seine Wohnung führt. Südkoreanisches Fernsehen, japanisches Fernsehen, chinesisches Fernsehen, österreichisches, deutsches – Kanäle, die Kim Jong Ryul einzig dazu dienen, jede neueste – und sei sie noch so winzig – Entwicklung über Nordkorea zu erfahren. Dass er dem Japanischen zunächst nicht folgen konnte, ärgerte ihn so sehr, dass er begann, es zu lernen. Heute, mit 75 Jahren, spricht er fließend Japanisch, ebenso wie Chinesisch, Deutsch, Englisch und natürlich seine Muttersprache Koreanisch.

Die Welt der Nachrichten informiert Kim Jong Ryul darüber, dass der Hunger die Menschen in Nordkorea nach wie vor quält. Nach kleinen Marktreformen ist die Lebensmittelsituation heute jedoch längst nicht mehr so prekär wie zu Zeiten der Hungerkatastrophen. Bauern ist es mittlerweile gestattet, einen kleinen Teil der Ernte privat zu verkaufen, Preisreformen wurden durchgeführt. Mit Aufbau des Industrieparks Kaesong wurde gar erstmals millionenschweres ausländisches Kapital aus Südkorea ins Land geholt. Eine grundsätzliche politische Kehrtwende haben diese Alibi-Maßnahmen freilich nicht bewirkt. Nordkoreas kommunistische Führung versucht nur in winzigen Schritten, die Wirtschaft zu liberalisieren. Vollmundig verspricht sie, rechtzeitig bis zum Jahr 2012, zum hundertsten Geburtstag von Staatsgründer Kim Il Sung, die Volksrepublik zu einem »wohlhabenden und mächtigen Staat« zu machen. Wie es allerdings funktionieren soll, der Wirtschaft freie Hand zu lassen, ohne dafür auch den Menschen mehr Freiheit zu geben, kann in Pjöngjangs Führungskreisen niemand beantworten. Am Beispiel Chinas, dessen Bewohner heute nahezu jedes Geschäft in Angriff nehmen können, so lange sie nur keine politischen Forderungen stellen, will man sich in Nordkorea jedenfalls nicht orientieren. Und schon gar nicht am Vater des chinesischen Wirtschaftswunders, Deng Xiao Ping, der einst sagte: »Ein bisschen Kapitalismus muss nicht zwangsläufig schädlich sein.«

Die derzeit grausamste Diktatur der Welt hält ihre Zügel unverändert kurz – und kommt doch nicht umhin festzustellen, dass sie an ihren Rändern allmählich zu erodieren beginnt. Seit den verheerenden Tagen der Hungerkatastrophe sind weit mehr als 100.000 Koreaner außer Landes geflohen. Die überwiegende Mehrheit von ihnen lebt, meist versteckt und immer in Angst vor Pekings Behörden, im Nordwesten Chinas. Immerhin 16.000 Nordkoreaner haben es bis nach Südkorea geschafft. Ihre Schilderungen und Erlebnisse geben Eindrücke von einem untergehenden Land, dessen mit täglicher Propaganda zugedröhnte Bevölkerung für ihren »Lieben Führer« längst nicht mehr die Begeisterung aufbringt wie noch vor zehn Jahren. Einfache Soldaten der selbsternannten Atommacht Nordkorea sind laut Erzählungen der Flüchtlinge teilweise so heruntergekommen, dass sie auf der Suche nach Essbarem immer wieder Bauern überfallen. Ein aus einem Gefangenenlager geflohener junger Mann schilderte, dass er mehreren jungen, völlig unterernährten Soldaten in die Hände gefallen war. Die interessierten sich nur nicht für ihn, weil er außer Lumpen nichts bei sich trug.

In die andere Richtung wiederum schmuggeln Flüchtlinge, aber auch Händler an der chinesisch-nordkoreanischen Grenze Handys, Computer und Memory-Sticks ins Land. Obgleich strengstens verboten, ist das Einsickern moderner Kommunikationstechnologie auf Dauer nicht mehr zu verhindern. Ironischerweise scheint es deshalb, dass nicht politischer oder militärischer Druck von außen oder gar die CIA, sondern vielmehr banale »Soap Operas« das System Nordkorea knacken könnten. Was im kommunistischen Osten Europas die Bananen waren – nämlich ein Symbol dafür, dass die kommunistische Mangelwirtschaft im Vergleich mit der Wirtschaft im Westen versagt –, könnten in Nordkorea Filme und DVDs aus dem Süden Koreas werden. Das »schändliche Gut« sickert in Massen ein, mittlerweile dürfte nach Aussagen von Flüchtlingen bereits mehr als die Hälfte der Bevölkerung zumindest einen verbotenen Film aus Südkorea gesehen haben. Besonderer Beliebtheit erfreuen sich die TV-Serien aus dem Süden, wobei trotz Kitsch-triefender Liebesgeschichten den Zusehern im Norden nicht entgeht: Südkorea, das im Norden immer als verkommen, arm, habgierig und verelendet dargestellt wird, ist ein unfassbar reiches Land. In seinen Städten fahren große Autos, sind seine Menschen wohlgenährt, manche gar dick, funkeln die Lichter auch in der Nacht und ist überhaupt alles anders, als man bisher gehört hat. Der Vergleich mit dem eigenen, kargen Leben kommt sofort auf, Fragen stellen sich, die Zweifel am eigenen System sind gesät. Immer mehr Filme kommen immer schneller in den Norden. Dauerte es früher sechs Monate, bis eine neue DVD ihren Weg vom Süden in den Norden fand, so sind heute die neuesten Filme bereits einen Monat nach ihrem Erscheinen im Süden auch schon nördlich des 38. Breitengrades zu haben.

Besonders Studenten sehen sich heimlich die Bilder aus dem Süden an. So viele sind es inzwischen geworden, dass die Regierung die Strafen für das verbotene Sehen von DVDs von fünf Jahren Arbeitslager auf drei Monate Lager herabsetzen musste. Nicht weil die Partei mehr Freiheiten zugestehen würde, sondern weil es schlicht nicht mehr zu organisieren ist, so viele Menschen ins Zwangsarbeitslager zu schicken. Der Erste, der nach Nordkoreas Logik im Strafarbeitslager verschwinden müsste, wäre freilich Diktator

Kim Jong Il. Seine private Kinosammlung ist die größte des Landes – 20.000 Stück befinden sich im Repertoire des Filmfans. Diese Sammlung würde nach seinen eigenen Regeln dafür ausreichen, ihn für immer und ewig zur Zwangsarbeit zu verdonnern.

Tausende Kilometer vom »Lieben Führer« und dessen verlogenen Vorgaben entfernt, hat Kim Jong Ryul die Freiheit, sich jeden Film und jede Nachrichtensendung anzusehen, die er will. Er muss nicht das Regime lobpreisen, wenn dieses neuerdings bei Filmtagen gestattet, Werke aus dem Westen, namentlich »Schneewittchen« und »Robin Hood«, zu zeigen. Jeden Morgen, wenn der ehemalige Oberst seine Fernsehapparate aufdreht – daran haben auch 15 Jahre fern von Pjöngjang nichts geändert –, tut er dies mit einem nicht nachlassenden Gefühl des Triumphes. Er kann es tun – und niemand hindert ihn daran. Niemand steckt ihn dafür ins Gefängnis oder ins Arbeitslager, niemand kann ihn dafür prügeln oder demütigen oder quälen. Mögen seine Träume von einer Rückkehr in die Heimat verflogen sein, dieser Erfolg ist dem Flüchtling zumindest sicher: Er genießt Freiheiten, die in Nordkorea undenkbar sind. Er führt ein selbstbestimmtes Leben. Er kann spazieren gehen, wann immer er will, lesen oder fernsehen, sich ausruhen oder einkaufen. »Es war meine Entscheidung«, zieht Jong Ryul Bilanz, »in der Freiheit kann man alles ertragen«.

Der Preis dafür ist hoch – zu hoch, als dass die meisten Menschen ihn zahlen würden. Kim Jong Ryul, alt geworden und an Rheuma leidend, führt ein einsames Leben. Seit 15 Jahren hat er keine Nachricht, ob seine Frau noch immer in Pjöngjang ist, ob sie überhaupt noch lebt. Er weiß nicht, ob seine heute fast 40-jährige Tochter je geheiratet hat. Er vertraut blind darauf, dass es seinem Sohn gelang, nie die Hoffnung aufzugeben. Und er kann es sich nur wünschen, einmal in seinem Leben noch seinen Enkel zu umarmen – auch dieser heute schon ein junger Mann.

Der hoch dekorierte Oberst verzichtete auf seine Familie und auf seine vertraute Umgebung, in der Meinung, eines Tages ein neues, freies Nordkorea vorzufinden. Alle seine Hoffnungen wurden enttäuscht: Kim Jong Ils Reich des Bösen ist nicht gefallen. Dass er es noch stürzen sehen wird, glaubt der Überläufer Jong Ryul mittlerweile selbst nicht mehr. Auch die dubiosen Geschäfte für den Diktator, wie sie auch Kim Jong Ryul 20 Jahre lang durchführte, laufen unverändert weiter. Der Machthaber und seine Kamarilla erfüllen sich weiter ihre Luxuswünsche – und genug westliche Geschäftsleute haben nach wie vor wenig Skrupel, ihr Business mit dem schmutzigen Geld der Diktatur zu machen. Der vorerst jüngste Fall flog im Sommer 2009 auf, als ein österreichischer Mittelsmann im Auftrag der nordkoreanischen Geldgeber bei einem Schiffbauunternehmen in Italien eine Jacht bestellte.

Doch wer Kim Jong Ryul kennt, weiß, dass der greise, ungebrochene Mann trotzdem auf eine Weise gesiegt hat. Bei seinem 70. Geburtstag stellte er sich selbst die entscheidende Frage: »Willst du so sterben oder anders?« Und er erinnert sich an ein Zitat des chinesischen Philosophen Konfuzius, das er fortan zu seinem Leitmotiv erhebt: »Wenn der Tiger stirbt, hinterlässt er sein Fell. Wenn der Mensch stirbt, möge er seinen Namen hinterlassen.« Heute spricht Kim Jong Ryul offen über sein Leben, weil er es so beschlossen hat. Seine Berichte sollen ein paar Lichtstrahlen mehr auf das große Dunkel werfen, das sich Demokratische Volksrepublik Korea nennt. Jetzt, an seinem Lebensabend, will er endlich erzählen, was nie zuvor möglich war. Über seine Enttäuschung, wie sich das hoffnungsvolle kommunistische Projekt Nordkorea in einen Alptraum verwandelte, über seine Wut auf die Verlogenheit des Systems, über die brutale Macht der Diktatur, über den ständigen Hunger, über seine Angst, jederzeit jedes Lebensrecht zu verlieren. Heute nimmt sich der schmale Mann kein Blatt mehr vor den Mund. Im Gegenteil wird er so laut und polternd, wenn die Sprache auf die Diktatur kommt, dass sich die anderen Gäste im Restaurant nach dem kleinen Mann mit Brille umdrehen. Manchmal, wenn die Gefühle mit ihm durchgehen, wenn er sich des »Lieben Führers« erinnert, »dieses Teufels«, wie er fast schreit, beginnt er zu poltern und verlangt: »Man müsste eine Atombombe auf den werfen.«

Gibt es Momente des Glücks für Kim Jong Ryul? Es müssen diese sein, wenn er seine Speisekammer betritt. Angesichts der von oben bis unten randvoll gefüllten Regale beginnt der schmale Mann zu strahlen. Fein säuberlich geordnet steht alles da, wovon das Mitglied der Elite zu Hause in Pjöngjang nur hätte träumen können: ein paar Flaschen Wein, Essiggurken, Rosinen, Thunfischdosen, Kekse, Zitronen. Um seine heiligen Schätze nur nicht zu gefährden, hat der Techniker eigens eine Kühlung eingebaut. Alles soll perfekt sein, in seiner Vorratskammer – seinem Altar. Dort, wo er innerlich jeden Tag dafür dankt, dass er nie wieder hungern muss. Triumphierend nimmt er einen Apfel in die Hand. »Ich kann jeden Tag ein Stück Obst essen«, nickt er zu seiner eigenen Bestätigung. »Das können die meisten Minister in Nordkorea nicht.« Und es macht ihn regelrecht wütend: »Was ist das für ein verdammtes System, in dem allein schon die Führungskräfte so wenig haben? Was für eine Schande, wenn ein Flüchtling besser isst als ein Minister?« Daraus zieht er, wieder ganz kühler Denker, den für ihn einzig zulässigen Schluss: »Ich, der Flüchtling, habe das System besiegt.«

Auch wenn die Vernunft Kim Jong Ryul sagt, dass er mit seinen drei Koffern und fünf Anzügen nicht zurück nach Nordkorea gehen wird, ist sein Wunsch nach Rache am System, das sein Leben und sein Land zerstört hat, lebendig. In einem Brief an die Autoren, kurz vor Erscheinen dieses Buches, hält er noch einmal fest, was er sich von dem Projekt wünscht. Das Buch soll »revolutionär sein«, »zum Volksaufstand aufrufen und die Diktatur zerbrechen«. Vorläufig aber scheint sich die Welt bei der Wahl zwischen Kim Jong Il und Kim Jong Ryul für den Diktator entschieden zu haben und ist bemüht, diese Revolution möglichst zu verhindern. »Emil« muss sich also vorerst mit seinen kleinen Siegen begnügen, die er gewonnen hat: Dass er so viele Äpfel essen kann, wie er will, dass er fünf Fernseher besitzt und dass er eingeschränkte Freiheiten

genießen kann, die ihm sein »U-Boot«-Dasein in Österreich er-
laubt. Er muss sich glücklich schätzen, wenn nach Erscheinen dieses Buches nicht die nordkoreanischen Häscher vor seiner Türe
erscheinen, um Rache am Verräter zu üben. Wenn er nicht Opfer des restriktiven westlichen Asyl- und Fremdenrechtssystems
wird. Und wenn seine Familie, sofern sie noch am Leben ist, nicht
in einem Gulag verschwindet – in einem Straflager, dem Kim Jong
Ryul entkommen ist, aber 22 Millionen seiner Landsleute nicht.